南京农业大学经济管理学院论丛
博士论文卷

健康冲击对农户贫困影响的分析

——兼论健康风险应对策略的效果

The Influence of Health Shocks on Rural Household's Poverty: Concurrently Discuss the Action Effect of Health Risk Coping Strategy

洪秋妹◎著

经济管理出版社
ECONOMY & MANAGEMENT PUBLISHING HOUSE

图书在版编目（CIP）数据

健康冲击对农户贫困影响的分析/洪秋妹著．—北京：经济管理出版社，2012.6
ISBN 978－7－5096－1869－1

Ⅰ.①健…　Ⅱ.①洪…　Ⅲ.①农民—健康状况—关系—贫困问题—研究—中国
Ⅳ.①F323.8

中国版本图书馆CIP数据核字(2012)第070428号

组稿编辑：曹　靖
责任编辑：张　马
责任印制：杨国强
责任校对：李玉敏

出版发行：经济管理出版社
（北京市海淀区北蜂窝8号中雅大厦A座11层 100038）
网　　址：www.E－mp.com.cn
电　　话：(010) 51915602
印　　刷：北京银祥印刷厂
经　　销：新华书店
开　　本：720mm×1000mm/16
印　　张：10.75
字　　数：205千字
版　　次：2012年11月第1版　　2012年11月第1次印刷
书　　号：ISBN 978－7－5096－1869－1
定　　价：38.00元

编　委　会

总　序

南京农业大学是教育部直属的"211 工程"重点建设大学，经济管理学院的前身是金陵大学和中央大学农业经济系，历史悠久，源远流长。金陵大学农业经济系自 1920 年起招收农业经济学本科生，自 1936 年起招收农业经济学研究生。当时的系主任卜凯（John Lossing Buck）教授领导全系师生从事的中国农村土地利用制度和经济社会发展状况的系统调查和建立在调查基础上的分析、研究，是利用现代经济学理论研究中国农村问题的划时代成果，至今在国际学术界仍具有重大影响。

注重调查实证的传统在南京农业大学经济管理学院得到了发扬光大。经过数代人的努力，本院农业经济管理学科在全国同类学科中处于领先地位，继 1989 年首批被评为国家重点学科之后，2001 年、2006 年再次被评为国家重点学科。经济学、管理学等学科也得到很快发展，目前拥有农林经济管理及应用经济学两个一级学科博士点。作为全国最早获准招收硕士及博士研究生的单位，在研究生培养方面注重质量，取得了突出的成绩。在迄今为止的全国百篇优秀博士论文评选中，南京农业大学经济管理学院有三篇博士论文先后入选全国优秀博士论文。为了更好地传播科研成果，南京农业大学经济管理学院自 2001 年起资助编辑和出版一系列学术著作，《南京农业大学经济管理学院论丛——博士论文卷》就是其中的一种。我们希望通过这种方式鼓励研究生做出更多、更优秀的成果，也希望通过这种方式加强与学术界同行的交流，促进经济管理类学科的发展。

钟甫宁

南京农业大学经济管理学院

目　录

第一章　导　言

第一节　问题的提出及研究意义

健康是人类的基本权利，消除健康贫困成为人类当前主要任务之一。联合国《1997～2006 消除贫困的 10 年规划》提出从经济、文化、健康、环境等方面全面消除世界贫困，特别是发展中国家的贫困现象。经过改革开放 30 年的发展，我国已经进入了全面建设小康社会的新阶段。广大农村地区已基本解决了温饱问题，扶贫解困工作也取得了令人瞩目的成绩，贫困人口由 1978 年的 25000 万人下降到 2007 年的 1400 多万人，贫困发生率也由 1978 年的 30.7% 下降到 2007 年的 1.6%。但近年来，我国减贫速度趋缓，特别是 2003 年，农村贫困规模甚至有所扩大。农村贫困的特征也逐渐从绝对贫困向相对贫困、收入贫困向能力贫困转变。另外，脱贫人口脆弱性较强，返贫率较高。2004 年，全国农村贫困人口中，返贫人口约占一半，其中中东部地区当年返贫人口占年末贫困人口的 70% 以上。因此，农村贫困问题仍然是困扰中国社会发展和稳定的大问题。

自农村实行家庭承包责任制以来，农户成为我国最基本的社会经济组织单位。伴随着传统计划经济体制下的农户风险处理机制的瓦解，农户不得不直接面对各种各样的风险，包括自然风险、市场风险、技术风险、疾病风险、就业风险等。在农户所面临的风险集中，健康风险是农村人口面临的较大风险之一。据 1993 年、1998 年、2003 年及 2008 年四次国家卫生服务调查数据发现，农村居民两周患病率分别为 12.82%、13.71%、13.95% 和 17.7%，呈不断上升的趋势。同时农村居民的疾病谱也发生了重大变化，2003 年第三次国家卫生服务调查表明，过去 10 年，农村地区虽然传染病发病率由 5.7% 下降到 2.7%，但农村居民常见病、多发病仍以感染性疾病为主。同时慢性疾病的患病率呈明显的增加，特别是循环系统疾病（如心脏病、脑血管病、高血压病等）和内分泌系统疾病（如糖尿病等）。2008年农村居民慢性病患病率（按病例数计算）为17.1%，与2003年调查相比，患病率增加了5.1个百分点。因此，农村居民面临感染性疾病和慢性疾病的双重疾病风险。从疾病的严重程度来看，农村地区两周内每千人口患病天数也不断增加。由此可以看出，由于我国农村人口普遍受教育水平低、营养和卫生知识缺乏，加上医疗、卫生设施严重不足，农村居民面临着较大的健康风险，其医疗服务的需要较大。

疾病使农户面临沉重的医疗负担。自20世纪80年代中期以来，农村居民人均医疗保健支出一直保持上升的态势，人均医疗保健支出占人均生活消费支出和人均纯收入的比例也持续攀升，这表明农民的实际医疗负担越来越重。从国家卫生服务调查结果来看，1993年，农村地区次均门诊费用和平均住院费用分别为22元和541元，到2008年上涨到128元和3685元（卫生部，2008），15年间增长了4.8倍和5.8倍，甚至超过了农村居民人均收入的增长速度①。但是由于农村居民的低收入、低保障、政府在卫生事业方面的低投入和医疗服务价格的快速增长，农村居民的部分医疗服务需要没有转化为现实的需求，有效需求仍显不足。

一方面是较高的健康风险，另一方面是农民的医疗服务需要不能得到满足，两者交互作用影响农户的福利水平。目前，疾病已经成为农民致贫的主要因素。疾病的发生直接导致医疗支出的增加，使农户不得不降低营养水平，推迟耐用消费品的购买，甚至导致农户子女辍学或出售家庭固定资产。从间接影响来看，疾病的发生降低了患病成员的健康和时间资本，以及照顾者的时间资本，从而影响家庭的收入获取能力，进而可能使家庭陷入贫困。魏众（2005）的研究发现，中国的医疗支出具有明显的累退现象，充分说明了缺乏有效的医疗卫生服务会进一步加剧因病致贫、因病返贫现象。在中国农村贫困户中，因病致贫占了很大的比例。据国家卫生服务调查显示，在农村调查户中，疾病或损失是致贫的重要原因之一。1998年，因病致贫率为23.1%，2003年上升到33.4%，2008年继续攀升，达到37.8%（卫生部，2004；2008）。这些充分说明了，目前在农村，疾病已经成为农户面临的重大风险，"看病贵，看不起病"问题日益突出。

当疾病产生的大额医疗费用超过家庭的支付能力时，就会造成收入视角的贫困，即"因病致贫"、"因病返贫"。而进一步从可行能力的视角来看，健康被认为是一种具有重要内在价值的人类可行能力（Capability），而且是最基本的能力。如果一个人不具备健康的条件，则其获得其他的可行能力（包括受教育的机

① 1993年和2008年农村居民人均纯收入分别为921.6和4761元。

会、参与社区生活的能力、心情愉悦等）在很大程度上将受到限制甚至摧毁。正如古希腊思想家赫拉克利特所说："如果没有健康，智慧就无法表露，才华就无法施展，力量就无法战斗，知识就无法利用。"因此，健康的对立面——疾病意味着可行能力的剥夺，其造成的贫困不仅仅是收入贫困，更重要的是会降低获取收入的能力，并使将收入转化为可行能力更加困难。因为病况越严重的人，会需要更多的收入以便得到照顾和接受治疗，才能实现与健康的正常人相同的功能性活动，所以疾病产生的"真实贫困"可能比在收入空间表现出来的贫困更加严重，可能具有持久性，甚至发生代际传递。进一步分析疾病与贫困的关系，疾病首先导致医疗支出的增加及人力资本投资的下降，进而影响收入，造成收入贫困；而收入贫困又会造成营养的不足，加大健康风险，再加上贫困农户医疗服务的可及性和可得性较差，从而影响健康水平，如此形成健康不良与贫困的恶性循环。

因此，理论上疾病给家庭带来的影响不是短期的，而是长期的。特别是对于初步解决温饱问题的贫困人口，由于所掌握的生产资料以及生活状况还没有从根本上得到改善，其抵御疾病风险的能力更加脆弱，疾病冲击的影响尤为严重。托尼曾经用比喻的说法说明风险对收入极端低下的农户所可能造成的损害："农户处在水深及颈的状态，稍有细波微澜就可能会给农户带来灭顶之灾。"[①] 那么，实际生活中，疾病，特别是大病冲击对贫困到底具有怎样的影响，其影响机制是怎样的，是否存在对家庭长期贫困的影响效应，健康不良与贫困之间的恶性循环程度究竟如何？对于健康不良与贫困的恶性循环，如何才能阻断，从而缓解农村贫困状态？疾病冲击是风险的一种，对于风险冲击带来的福利水平的变动，农户并不只是消极地承受，而是努力通过多种途径来积极应对。农户会采取哪些应对策略，不同的应对策略能否起到缓解因病致贫的效果？这些就是本书所要研究的问题。

目前关于农村健康贫困和健康风险分担机制的理论还不完善、系统研究不足，因此研究我国转型期农户健康冲击对家庭贫困，特别是长期贫困的影响，以及农户的健康风险应对策略，有助于更深入地理解疾病对动态贫困的影响，同时了解不同的风险应对机制的作用效果，深化发展经济学关于健康、贫困的研究，丰富该领域的研究文献。另外，从现实意义上讲，有助于从健康人力资本的视角考察反贫困策略，指导我国农村消除健康贫困工作，更好地实现农户稳步脱贫，减少脱贫人口返贫率。而通过对不同的风险应对机制缓解因病致贫效果的研究，可以更好地推动农村健康风险管理体系的建设。

---

① 詹姆斯·C. 斯科特. 农民的道义经济学：东南亚的反叛与生存［M］. 程立显等译. 南京：译林出版社，2001：1.

第二节　概念的界定

一、健康冲击

“冲击”，强调严重影响；“健康冲击”，具体指健康的负向冲击，即在某一特定的时间段内，受到疾病的严重影响，因此，一般的小病不能称之为健康冲击。本书将大病视为健康冲击。那么什么才算是“大病”，不同的衡量标准会得出不同的结论。从医学角度讲，只有类似恶性肿瘤、心肌梗死、脑溢血等才能称之为大病。高梦滔、姚洋（2005）基于实际操作的考虑，将“大病”定义为住院治疗（也许仅 1 天）或者总共花费在 5000 元以上的疾病。但是鉴于农户收入水平相对较低，即使医疗支出从绝对值上看并不是很多，但也可能超出其承受范围，以致不能满足基本的消费需求，陷入贫困状态。另外，“小病拖，大病扛，重病就得见阎王”真实地反映出人们应对疾病的消极处理方式，因此上述“大病”的定义会产生疾病报告的缺失，从而低估大病患病率。本书在该定义的基础上，将“健康冲击”定义为家庭中有成员住院或医疗支出占家庭收入 10%①及以上（即家庭发生灾难性支出），从而避免了低估低收入人群的大病患病情况。由于该定义同样必须考虑到实际可操作性，因此必然存在着不可避免的缺陷，不可能从医学的专业角度精确地判别哪类疾病属于大病范畴，但是鉴于本书研究的目的在于探讨健康冲击对贫困的影响，因此相对来说，我们的定义更加有利于本书内容的分析。

二、动态贫困

动态贫困具体指某个时间段内贫困的动态变化过程，我们将其分为从不贫困、退出贫困、进入贫困以及持续贫困四类。从不贫困表示基期和末期均为非贫困户；退出贫困表示基期为贫困户，末期为非贫困户；进入贫困表示基期为非贫困户，末期为贫困户；持续贫困表示基期和末期均为贫困户。

三、短期贫困、长期贫困

根据进入和退出的频率以及处于贫困状态的时间长短，可以将贫困分为长期

① 一般认为，当家庭卫生支出超出了原先所界定的阈值，即可认为该家庭发生了灾难性卫生支出。国外学者对发展中国家的研究以医疗支出占消费支出的 10% 作为灾难性卫生支出的门槛值，在此我们采用医疗支出占收入的 10% 作为标准，二者的区别不大。

贫困、短期贫困和从不贫困（Chronic Poverty，Temporary or Transient Poverty and Never Poverty）。其中：长期贫困包括永久性贫困和经常性贫困，是指其收入（消费）或者其他相应指标的水平在每一个时期中都低于既定的贫困线，或者虽然其整体平均水平低于贫困线，但并不是每个时期都低于贫困线；短期贫困包括波动性贫困和偶然性贫困，是指其平均水平围绕贫困线波动，且在一些时期中陷入贫困，或者其整体平均水平高于贫困线，但至少一个时期陷入贫困；从不贫困是指其水平在所有时期中均高于贫困线（Hulme & Shepherd，2003）。具体来说，长期贫困和短期贫困的分界点是经历5年的贫困时期。一般把一个个体经历了5年或5年以上的确切的能力剥夺，认为是长期贫困，否则，即为短期贫困。在很多文化背景中，5年都是一个人一生中一段重要的时期；在时间序列的横截面数据研究中，5年往往是作为一个阶段的数据搜集研究的，所以对学者来说，一般都把5年作为一个研究期间。根据一些实证研究的结论，如果一个人的一生中有5年时间或超过5年的时间处于贫困状态，那么在他剩下的生命时间里他继续处于贫困状态的可能性将十分巨大。也有研究认为90%的长期贫困者都经历了4年贫困时期（Hulme & Shepherd，2003）。

第三节　研究目标、假说及内容

一、研究目标

风险、风险暴露、风险反应或处理策略以及福利后果构成一条完整的风险链，见图1-1。风险链的起点是各种各样的风险，包括自然风险、技术风险、市场风险、健康风险、社会风险、环境风险等，风险的存在并不会直接产生负向影响，只有当风险暴露后才会影响家庭的福利水平。而风险的处理策略包括事前行为以及事后的处理策略。我们选取健康风险作为研究重点，并以家庭实际受到健康冲击作为研究的起点，而且主要考虑事后的风险处理策略。将健康风险、风险暴露（健康冲击）以及健康风险应对策略纳入统一的风险链的分析框架。首先从健康风险的角度来审视我国农村的贫困现象，分析健康冲击对贫困及动态贫困的影响，并选取新型农村合作医疗制度、社会网络内的风险统筹分别作为正式的和非正式的风险应对机制的研究重点，探讨两种不同制度安排对缓解因病致贫的效果，在此基础上，提出相应的政策建议。

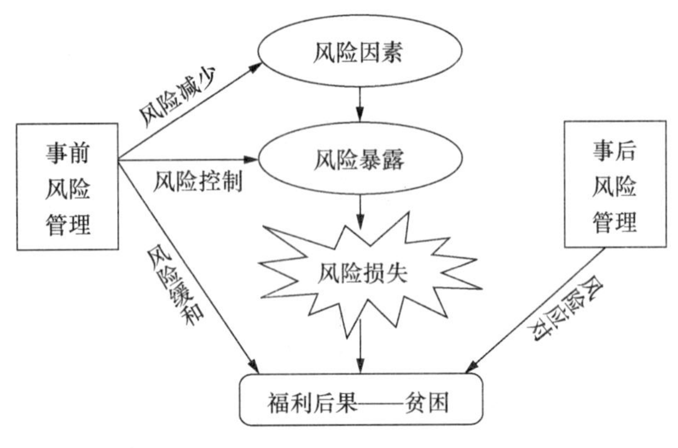

图1-1 风险链

二、研究假说

假说1：健康冲击会增大农户陷入贫困的概率，并影响贫困的动态变化过程。

健康是一种人力资本，因此健康冲击会直接影响家庭成员的医疗消费支出，当医疗消费支出超出家庭的当期收入水平时，如果该家庭没有足够的资源来应对时，该家庭就可能陷入暂时贫困。另外，健康是获取收入的一种能力，如果健康冲击较为严重，则导致该家庭获取收入的能力不足，影响到家庭长期的收入水平，从而使家庭处于长期贫困状态。同时，假如患病家庭通过出售生产资料、减少营养支出、让孩子辍学等途径来应对健康风险，则也可能影响该家庭的生产能力以及子代获取收入的能力，从而使家庭处于长期贫困。

假说2：新型农村合作制度能够起到缓解因病致贫的效果。

健康冲击导致贫困的其中一条途径在于家庭的资源不足以应付高昂的医疗支出，而新农合制度设计的主要目的在于分散由于健康原因导致的医疗支出风险，降低医疗支出的不确定性。新农合的参与者在受到健康冲击时可以得到相应比例的补偿，从而降低患者由于治疗特定疾病而必须支付的医疗费用，可以起到缓解因病致贫的效果。另外，新农合制度的推行会增强医疗服务的可及性，促进农村居民尤其是贫困人口基本卫生服务的利用，使疾病得到及时治疗，防止小病变大病。同时如果患者能完全康复，则意味着相应人力资本的恢复，从而获得原有的收入获取能力，降低家庭陷入贫困的可能性，切断“因病致（返）贫”与“因贫致病”间的恶性循环。

假说3：社会网络内风险统筹具有缓解因病致贫的效果，且亲友馈赠越多，这种效果越明显。

在“关系本位”的农村社会里，农户的行为遵循“生存伦理”和“互惠”的原则，以血缘、亲缘或地缘关系为纽带形成的农户社会关系网络组成一个风险分担团体，起着非正式的风险保障作用，为个体农户在遭受健康冲击后提供最后一道防线。因此，社会网络内风险统筹机制作为一种非正式的风险应对机制，能够减少疾病给农户家庭造成的负面影响，起到缓解因病致贫的效果。

三、研究内容

研究内容一：因病致贫现状的宏观描述及原因分析。

从宏观上描述我国农村居民医疗负担、医疗服务利用以及因病致贫的现状，并分析背后的原因，为实证分析奠定研究背景。

研究内容二：疾病与贫困作用关系的微观描述。

利用 CHNS 的微观追踪数据探讨疾病与贫困间的相互关系及动态发展过程。首先从静态角度描述我国农村贫困与健康贫困状况；其次立足于动态发展过程，分析农村因病致贫与因贫致病的恶性循环现象。

研究内容三：健康冲击对贫困及动态贫困影响的研究。

主要从理论和实证两方面来验证研究假说 1。运用健康经济学、发展经济学等相关理论，从健康人力资本的角度分析因病致贫的作用机制。在理论分析的基础上，运用 CHNS 数据，以家庭为研究对象进行实证分析，考察是否受到健康冲击对贫困及动态贫困的影响。从三个方面展开：①选取 Probit 模型分析健康冲击对农户贫困的影响，同时分别用含工具变量的双变量 Probit 模型联合估计方程（Biprobit 模型）和面板数据模型（Xtprobit 模型）纠正健康冲击与贫困之间的联立内生性问题和遗漏变量问题；②运用多元 Logit 模型研究健康冲击在特定的时间段内对动态贫困（包括从不贫困、退出贫困、进入贫困、持续贫困四个状态）的影响；③将特定时间段内的贫困动态变化分为从不贫困、短期贫困和长期贫困三类，探讨健康冲击对短期贫困和长期贫困的影响。

研究内容四：探讨新农合制度对缓解因病致贫的作用效果。

主要验证研究假说 2。新型农村合作医疗制度是医疗保障的形式之一，是一种正式的风险分担机制。在对新农合制度如何影响患病农户福利效应，特别是收入效应的理论分析的基础上，选取 CHNS 数据库 2006 年样本。首先，描述家庭医疗费用支付前后、新农合制度补偿前后贫困发生率及贫困发生程度的不同，从而分析新农合制度对减贫的效果。其次，考虑到参与新农合并不是农户完全随机选择的结果，而受到一系列因素的影响，因此运用倾向得分匹配法（Propensity Score Matching，PSM）纠正非随机性问题，分析新农合制度对缓解因病致贫的作用效果。

研究内容五：分析社会网络内风险统筹对缓解因病致贫的作用效果。

该部分用来验证假说3。将亲友馈赠作为社会网络内风险统筹安排的一种形式，验证非正式的风险应对机制对缓解因病致贫的效果。基于所使用的调查数据，用家庭在过去的一年中所接受的来自亲戚和朋友的货币或非货币形式的赠与的价值来度量，通过引入健康冲击与亲友馈赠的交互项，分析亲友馈赠对缓解因病致贫的效果。

研究内容六：通过理论分析和实证分析的结论，探索本书的政策建议。

在对全书总结的基础上，提出打破健康与贫困的恶性循环，提高农户健康风险管理能力的相关政策建议。

第四节 数据来源

宏观数据：历次中国卫生服务调查、《中国卫生统计年鉴》、《中国统计年鉴》等。

微观数据：中国健康和营养调查中农村样本。该调查由美国北卡罗来纳大学和中国预防医学科学院联合执行。调查依据地理位置、经济发展程度、公共资源的丰裕程度和健康指数覆盖了中国东部、中部和西部8个省。除了选取每个省的省城和较低收入的城市外，在每个省依据收入分层（高、中、低）和一定的权重随机抽取4个县。每个县抽取县城镇和按收入分层抽取3个村，每个村20户。城市内的城区和郊区是随机选取的。样本把调查的家庭分成城市、郊区、县城镇和农村4种类型。到目前为止共进行了七轮，分别是1989年、1991年、1993年、1997年、2000年、2004年和2006年，每次都有约3800个相似的家庭，16000个人参加了调查，形成了模块数据（Panel Data）。

第五节 研究方法

立足于实证，综合运用卫生经济学、发展经济学、社会保障学、制度经济学等学科进行交叉分析。在文献综述的基础上，采用理论研究与实证研究、定性分析与定量分析相结合的方法，力图分析健康冲击、风险应对机制与贫困三者之间的关系。具体而言，采用的研究方法主要有：

（1）文献研究法。在研究过程中，通过对国内外相关文献的梳理，包括著作、论文、研究报告等资料，在综合分析和评价的基础上，了解当前研究的理论前沿、研究进展以及相对的不足之处，从而为本书的研究打开切入点，并明确研究主旨。

（2）描述统计分析法。对于样本的基本情况、农户健康与贫困状况以及疾病与贫困相互的作用关系主要是建立在大量的描述性统计分析的基础之上。在描述过程中，综合运用了交叉列表法、图示法、卡方检验法、F 检验等多种分析法。

（3）计量模型分析法。本书并不刻意追求复杂的数量分析法，而是根据研究的需要，在分析健康与贫困关系时，运用 Probit 模型分析了健康冲击对贫困的影响，并采用工具变量法和面板数据模型纠正了可能存在的内生性及遗漏变量问题；运用多元 Logit 模型分析健康冲击对贫困动态变化以及健康冲击对短期贫困、长期贫困的影响，并检验了多元 Logit 模型成立的前提条件，即独立无关假设。在分析新农合制度缓解因病致贫效果时，采用了倾向分值匹配法（PSM），以解决非随机样本问题。在讨论社会网络内风险统筹缓解因病致贫效果时，在贫困决定因素分析框架的基础上通过引入亲友馈赠与健康冲击的交互项，考察作用效果。同样选择 Probit 模型，并通过 Biprobit 模型检验修正健康冲击变量的内生性问题。

（4）静态分析与动态分析相结合的方法。在讨论疾病与贫困相互作用关系时，既使用了静态分析法，又利用纵向数据进行了动态描述，包括因病致贫与因贫致病的动态变化过程。同时在模型分析阶段，既分析了健康冲击对贫困的影响，又讨论了健康冲击对进入贫困、退出贫困、持续贫困的动态变化过程以及短期贫困、长期贫困的影响。

第六节 结构安排及技术路线

根据前文阐述的研究目的和研究内容，结构安排如下：

第一章：导言。主要指出论文的研究背景与研究意义，阐明研究目标、内容、假说，说明数据的主要来源，对本书的结构做出整体安排并描绘技术路线，最后指出本书的创新之处与不足之处。

第二章：理论基础及文献综述。介绍相关理论，并从健康与收入、贫困的关系以及农户对健康风险的管理策略两个角度对国内外相关的研究成果进行简要回顾和评价，在此基础上指出本书的研究重点。

第三章：理论分析框架。根据风险链的组成要素，即风险—风险暴露—风险反应—福利后果，以健康风险作为研究重点，建立本书的研究框架。运用相关理论，论证健康冲击对贫困的影响以及两种风险应对机制对缓解贫困的作用机制。

第四章：我国农村因病致贫现状及医疗卫生状况。从宏观视角展现农民医疗负担沉重、医疗服务利用率低以及因病致贫的现状，并分析背后的原因，从而为后面章节的实证分析奠定研究背景。

第五章：健康、贫困及两者关系的微观描述。在对样本人群的健康状况、医疗负担以及贫困状况进行整体把握的基础上，从静态视角和动态视角探讨疾病和贫困的相互作用关系。

第六章：健康冲击对贫困影响的实证分析。运用 CHNS 数据，以家庭为研究对象，考察是否受到健康冲击对贫困及动态贫困的影响，将动态贫困分为特定的时间段内贫困的动态变化（包括从不贫困、退出贫困、进入贫困、持续贫困四个状态）以及短期贫困、长期贫困两个方面。

第七章：正式风险应对策略缓解因病致贫的作用效果。选取 2006 年样本，描述家庭医疗费用支付前后，新农合制度补偿前后贫困发生率及贫困发生程度的不同，并运用计量模型估计法具体分析新农合制度对因病致贫的缓解作用。

第八章：非正式风险应对策略缓解因病致贫的作用效果。分析非正式的风险应对策略存在的动因及其功能机理，并探讨亲友馈赠，即社会关系网络内风险统筹机制对缓解因病致贫的效果。

第九章：结论和政策建议。根据前文理论研究和实证研究结果，在对全书总结的基础上，提出相关的政策建议，并对未来进一步可以深入研究的前景进行展望。

本书的技术路线，如图 1－2 所示。

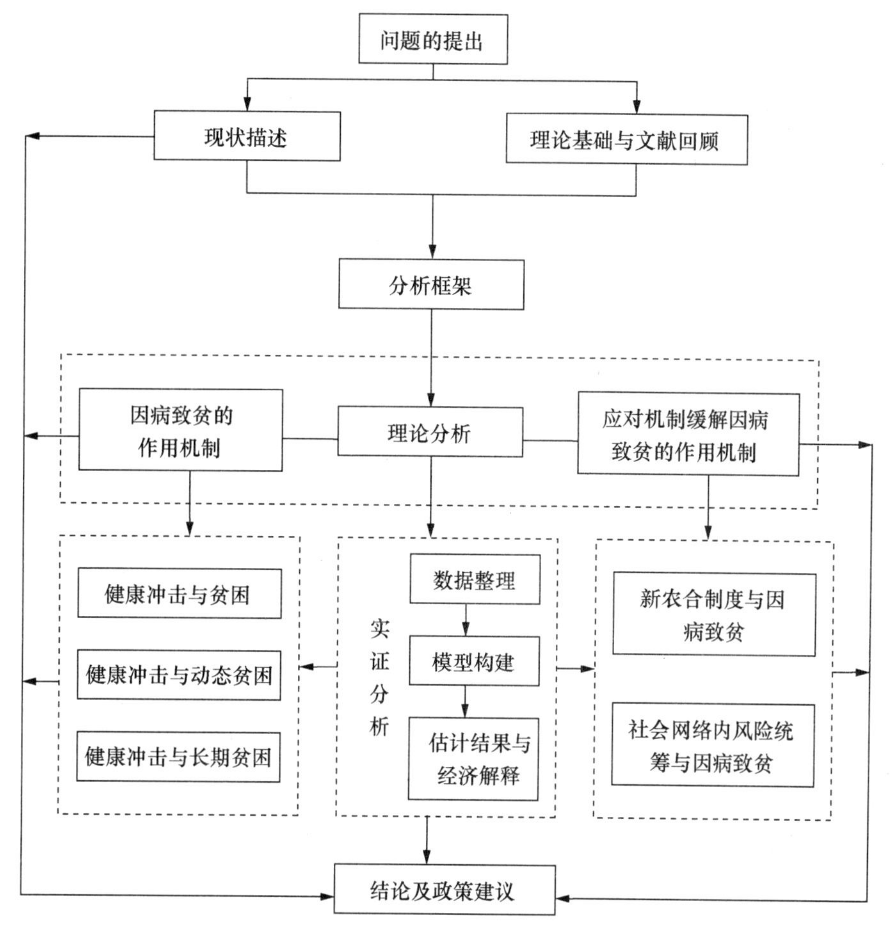

图1－2 本书技术路线

第七节 创新与不足

一、创新之处

（1）研究视角的创新：从风险链的角度，侧重于健康风险，将健康冲击、风险应对策略以及福利后果——贫困纳入统一的分析体系，从而构建了研究框架，分析健康冲击对贫困的影响，以及风险应对机制对缓解因病致贫的效果。

（2）研究内容的创新：国内以往的研究大多侧重于健康与工资、收入之间的关系，而很少涉及直接分析健康对贫困的影响，尤其是对动态贫困的影响。从能力贫困的视角考虑，健康冲击意味着可行能力的剥夺，不仅影响短期收入，还会影响长期收入。基于此，本书从理论层面和实证层面将健康与贫困有机结合起来，既从静态的角度分析了健康冲击对贫困的影响，又立足于动态角度，利用连续追踪数据描述了健康→贫困→健康，以及贫困→健康→贫困的动态发展路径，并且实证分析了健康冲击对不同期限贫困进入→退出的双向运动状态以及短期贫困、长期贫困的影响，以期更好地认识农户健康冲击对短期贫困、长期贫困的影响，这可以作为国内同类研究的一个有益补充，同时也可以为我国的扶贫政策提供相关依据。

（3）研究方法的创新：在分析健康冲击对贫困的影响时，两者的互为因果关系以及遗漏变量会产生内生性问题，本书分别用工具变量和面板数据模型进行了控制。由于健康冲击变量是个二值变量，传统的工具变量 Ivprobit 模型仅适用于连续内生解释变量，而本书选用含工具变量的双变量 Probit 联合估计方程（Biprobit 模型），从而解决了非连续变量的联立内生性问题；在分析新农合制度缓解因病致贫效应时，考虑到新农合参与与否并不是完全随机选择的结果，如果只对数据进行简单分组分析，则新农合制度的政策效果产生选择性偏倚和混杂偏倚。而运用倾向得分匹配法（PSM）有效地去除了控制变量和其他观测因素的混杂偏倚。目前该方法国内运用相对较少。另外，还综合运用了方差分析、卡方检验以及 Probit、多元 Logit 模型，从而在一定程度上实现了研究方法综合运用上的创新。

二、不足之处

核心概念健康冲击的衡量是基于医疗费用以及是否住院两个标准，但是对于很多贫困户而言，尽管存在得病而需就医的潜在需求，往往因为贫穷而无法得到医治。因此遗漏了那些看不起病的贫困家庭，从而可能会低估疾病对贫困家庭所造成的影响。

贫困与疾病是交互影响的，而本书只考虑了健康冲击对贫困的影响，而没有涉及贫困如何影响人们的健康状况；另外，健康风险处理策略可能缓解贫困，也有可能加剧贫困，对农户的生产生活方面产生负面影响。而本书主要考察新农合制度以及社会网络内风险统筹这两种事后应对策略对缓解贫困的作用效果，而对其他管理策略及其作用效果没有进行分析。因此，对于健康与贫困之间的这种交互作用，以及各风险管理策略与贫困之间的关系可以作为以后进一步研究的方向。

第二章 理论基础与文献综述

第一节 相关理论基础

一、健康相关理论

1. 健康的含义

长期以来，人们习惯于将健康等同于身体“无病”或“不虚弱”，即借助于健康的对立面“疾病”来定义健康。虽然健康与疾病之间有着密切的联系，但不仅仅是非此即彼的关系，之间还存在多种过渡状态，这些状态通常也表现为“无病”，但并不能肯定地说就是健康的。从医学专业角度看，可能有些人体内已经潜伏着某种病理性缺陷，只是还没表现出病症，所以表面上看仍是“健康”的，实际却恰恰相反。因此该定义是不确切的。也有人认为“机体功能活动正常”就是健康，但该认识仅仅反映了人的生物属性，却忽略了社会属性，没有考虑人的心理状态，因此也不够全面。而最具权威、最有影响的是世界卫生组织在1946年提出的定义，即健康“不仅仅是没有疾病或体质强健，而是人们在生理、心理以及社会生活多方面的完美状态”。该定义综合考虑了人的生物学和社会学特征，将人的生理状态、心理状态以及社会适应性三者兼容起来。

在之后的半个多世纪中，健康的概念进一步向纵深扩展。20世纪80年代，印度著名经济学家Sen建立了“可行能力视角”，在这一评估框架中，健康被认为是一种具有重要内在价值的人类“可行能力”（Capability），以及一种非常基本的自由（Sen，2002）。更进一步，健康是人们普遍认为有价值的，需要引起足够重视的。几乎所有人都希望自己长寿，因为“享有长寿（而不是壮年就过早死亡）……的可行能力几乎是我们每个人都珍视而且向往的”（Sen，2002），活着是人类其他一切行为的前提，只有活着，才能更好地享受生活，才能实现其他的价值。健康也是财富的一种形式，我们有理由追求更多财富。而同时健康又比财富更重要，它能够允许我们做其他事情，帮助我们实现其他自由。如果一个人不具备健康的条件，则其获得其他的可行能力（包括受教育的机会、参与社区生活的能力、心情愉悦等）在很大程度上将受到限制甚至摧毁。正如古希腊思想家赫拉克利特所说："如果没有健康，智慧就无法表露，才华就无法施展，力量就无法战斗，知识就无法利用。"由此，健康一方面具有广泛的普适性，另一方面又是基本的，即缺少了健康可行能力，将阻止其他许多可行能力的实现，因此健康被认为是最重要的可行能力。

人们追求更多财富，并不是因为财富本身是值得向往的，而是因为它们是极好地能使我们获取更多的自由去享受我们所珍视生活的通用手段，即"财富只是有用，而且是因为其他事物而有用"，因此我们的最终目标不仅仅是财富最大化或经济的增长，而应当最大限度地扩展可行能力，扩展我们有理由珍视的自由，即注重人类的发展。基于此，巴基斯坦著名经济学家 Haq 成功地倡导了人类发展的理论（王曲，2005）。联合国开发署（UNDP）在每年发布的《人类发展报告》中，一直将健康作为人类发展或者人类福祉（Well - being）的首要目的之一，并将预期寿命纳入人类发展指数（HDI）的衡量指标。

2. 健康人力资本

早期的发展经济学曾一度强调物质资本实现经济增长的作用。随着人力资本理论的创立，人力资本对经济发展和改善穷人福利的重要性日益得到重视。根据人力资本理论，人力资本表现为人的知识、技能、资历和经验等，即人的能力和素质。人力资本的显著标志是它属于人的一部分，没有人能够把自己同他所拥有的人力资本分开。人力资本首先是人类的，因为它表现在人的身上；同时它又是资本，因为它是未来满足或未来收入或两者结合的源泉。人力资本是可以通过投资而获得，通过增加人的资源从而影响未来货币和精神上收入的活动即人力资本投资。

在 20 世纪初，经济学家 Fisher 最先提出了健康是财富的一种形式，并估算了美国 1990 年的健康资本存量为 2500 亿美元，大大超过了其他形式的财富数量。接着，Mushkin（1962）在《健康作为一种投资》一文中，正式将健康作为人力资本的构成部分，并将"教育与健康"作为人力资本框架下的孪生概念。健康经济学家 Grossman（1972）指出，健康既是消费品，又是投资品，也就是说，一个人的健康状态将直接决定其可利用的工作或闲暇的时间，具有消费品的性质；同时，健康的投入又决定了人们可以获得的人力资本，具有投资品的特性。健康投入的过程即健康投资，生病天数减少所带来的货币价值的增多就成为

健康投资的回报。在人力资本投资的各种方式中，通过投资于健康来改善人力资本存量的质量，是提高人口素质，同时也是促进经济增长的主要动力（舒尔茨，1990）。

3. 健康生产函数

健康生产函数最初是由 Grossman（1972）提出的，他在贝克尔家庭生产函数概念的基础上，说明了消费者可以通过生产健康来弥补消耗的健康资本。该模型假设健康是一种耐用消费品存量，每个人刚出生时均继承一定的健康初始存量，并随着年龄的增长而发生折旧，与此同时也可以通过追加投资而增长，健康生产的投入包括各种食物（营养）、医疗保健服务等。按照经济学的概念，投入转化为结果的过程即生产，相应地，将食物或摄入的营养、医疗保健服务（投入）转化为健康资本（结果）的过程，即健康的生产过程，当然健康还受到社会生活方式、生活环境等因素的影响，因此健康生产函数可以简单表示为：

健康 = f（遗传，食物，医疗保健服务，社会生活方式，环境……）

当然也存在虽然追加了投资，但最终健康存量耗尽而导致死亡的极端情形，因为健康投入和健康产出之间的关系远没有这么简单和直接。基于这一框架，人们遭遇疾病会加速健康资本的折旧，通常情况下需要增加更多的投资才能回复到初始的健康状态。对于低收入人群来说，特别是贫困农户，生活环境相对恶劣，其生活方式往往也是不健康的，再加上收入的限制又影响其健康生产的投入，所以其健康状况相对较差，也就更容易遭遇疾病。而当受到疾病冲击时，其购买医疗服务的相对货币价值要远大于非贫困户，更倾向于选择时间密集型的自我治疗的健康生产方式，不利于健康的恢复。

4. 健康的测度

准确地测度个体健康状况是一个十分困难的问题，综观已有的研究文献，可以划分为宏观角度和微观角度。在宏观层面，通常采用预期寿命、死亡率等指标衡量某个国家或地区的健康程度，用于分析对国家宏观经济指标的影响，包括经济增长、人均收入等（如，Bhargava et al，2001；Bloom，Canning and Sevilla，2001；等等）。更多的健康测度集中于微观层面，主要包括：

（1）自评健康状况（Self - Ranked Health），即要求被调查者对自己的健康状况进行综合评价，通常分为很健康、健康、比较健康以及不健康四个等级，这是运用最广泛的。该指标涵盖了个人健康状况的主观和客观两个方面的信息，而且相对来说，收集数据的过程也是最经济和方便的。

（2）发病率，通常采用两周患病率来衡量，这也是我国历次国家卫生服务调查采用的健康衡量方式。

（3）人体测量变量，可以分为出生时的体重、身高以及身体质量指数

(Body Mass Index, BMI)。

(4) 功能障碍衡量指标，根据美国的 Lawton 和 Brody 1969 年制定的日常生活能力量表衡量个人在执行某项日常活动的困难程度。日常活动包括两部分：一是躯体生活自理，分为上厕所、进食、穿衣、梳洗、行走和洗澡六项；二是工具性日常生活能力，分为打电话、购物、备餐、做家务、洗衣、使用交通工具、服药和自理经济八项。执行困难程度分为自己完全可以做、有些困难、需要帮助以及根本无法做四个等级，采用计分法评定最终的衡量指标。

(5) 良好适应状态指数（Index of Well - being, IWB），这是 1976 年 Kaplan 提出的反映生命质量的指标，根据良好适应状态质量评估量表进行评分，包括移动、生理活动、社会活动以及症状/符合健康问题四个组成部分，根据各部分的权重计算生命质量指标。

(6) 其他指标，包括营养摄入指标、因病不能工作天数等。

二、国内外贫困理论的发展

1. 贫困概念的演进

贫困作为一种复杂的社会问题，具有广泛的内涵。“贫困本是一个模糊的概念，它不具备确定性，贫困的内涵随着经济发展、社会进步和人类文明水平的提高而变化；随一个民族对社会福利、平等和基本人权认识的不断深化而变化。”“贫困像美丽一样因观看者不同而异”①。因此，不同领域的专家学者，包括经济学家、社会学家、政治学家、人口学家等分别从不同的角度对贫困的现象及其根源进行了深入的探讨，贫困研究的视角从收入贫困，到能力贫困，再到权利贫困逐步扩展。

(1) 收入贫困。早期的贫困概念强调收入的不足及物质的匮乏，难以维持基本的生活需要。如 1898 年，奥本海默提出：“如果一个家庭的总收入不足以维持仅仅是物质生活所必备的需要，那么该家庭就处于贫困状态。”朗特里 (1899) 认为，贫困是总收入水平不足以获得维持体能所需要的最低数量的生活必需品。美国的劳埃德·雷诺兹在《微观经济学》一书中指出，所谓贫困问题，是指家庭没有足够的收入可以使之有起码的生活水平②。世界银行 1981 年对贫困最初的表述为：当某些人，或者某些家庭，或者某些群体没有足够的资源去获得他们那个社会承认的，一般都能够接受到的饮食、生活条件、舒适和参与某些活动的机会，就是处于贫困状况。

随着对贫困认识的深化，“基本生活需要”扩展为“人的基本需要”，联合

① 奥本海默．贫困真相．伦敦：儿童贫困关注小组，1993.

② 劳埃德·雷诺兹．微观经济学［M］．商务印书馆，1993.

国开发署和国际劳工组织明确人的基本需要除了基本生理需要外，即食物、衣着、住房和医疗，还应包括基本文化需要，如文化和教育。部分贫困研究者指出，基本需要的内容会随着时间和空间的变化而发生变化，随着范围的扩大和标准的提高，维持基本需要所要求的收入也相应提高。

从上述方面定义的贫困被称为收入贫困或者物质贫困。与此相联系的是绝对贫困与相对贫困的划分。绝对贫困的研究几乎均受到朗特里研究思路的影响，强调个人或家庭的收入是否满足最低需要，主要反映在生产和消费两个方面。在生产方面，绝对贫困人口不能维持简单再生产，更加难以扩大再生产；在消费方面，绝对贫困人口不能保证其温饱，不能达到最低生活标准。但是即使部分人群的收入能够满足基本需要，而如果明显低于其他人的收入，他们也是贫困的，因此相对贫困的概念引发学术界的讨论。相对贫困概念具有主观性及动态性，不同的国家或地区依据不同的价值判断会得出不同的结论，且会随着国家或地区经济发展水平、平均收入水平或消费水平的改变而改变，因此相对贫困不可能根除而只能缓解。

从收入或物质的视角认识贫困是最为普遍的，便于获得统计资料进行精确的度量。但是其含义过于狭窄，对贫困的本质认识不够，没有触及贫困产生的深层次原因。

（2）能力贫困。能力贫困视角认为贫困不仅仅是收入的剥夺，收入或消费仅是贫困的一种结果，能力的匮乏才是造成贫困的本质原因。世界银行在《1990年世界发展报告》中，将贫困界定为“缺少达到最低生活水准的能力”。《2000/2001年世界发展报告》中，在能力贫困的基础上又加入了风险和面临风险时的脆弱性的含义，贫困意味着“一个家庭和一个人在一段时间内将要经受的收入和健康贫困的风险”，同时还意味着“面临许多风险的可能性”，以及不能表达自身的需求和缺乏影响力。所有这些形式的贫困都制约着一个人所拥有的能力，即他或她享受自己所珍视生活的基本自由的能力（世界银行，2001）。《2006年世界发展报告》又明确指出，“任何发展的目的都是要使人们拥有更美好生活的能力，这就意味着应投资于他们的教育、健康以及风险管理的能力”。

能力贫困理论的首创者阿玛蒂亚·森提出应用一个人所具有的可行能力，即一个人所拥有的、享受自己有理由珍视的生活实质自由，来判断个人处境。因此，贫困被认为是基本可行能力的被剥夺，而不仅仅是收入的低下。森将“能力”定义为一个人能够实现的各种功能的组合，能力大小反映了个人在各种组合中进行选择的自由度，它代表了“一个人在不同的生活之间做出选择的自由”，因此能力本质上是一种自由。进一步，森将能力发展成“可行能力”。基本可行能力包括免受诸如饥饿、营养不良、可避免的疾病和死亡之类的困苦，或者将其

归纳为生存的能力、健康的能力、长寿的能力等。而基本可行能力的剥夺表现为过早死亡、严重的营养不良、长期流行疾病、大量文盲以及其他一些失败，其中未成年死亡率、营养不良和文盲是其关注的三个主要指标。森认为，更好的基础教育和卫生保健可以直接提高生活的质量，而且还可以提高一个人获得收入的能力，使其免于收入贫困。与此相反，可行能力方面的缺陷会降低获取收入的能力，同时使得将收入转化为可行能力更加困难，因为年龄较大，或残疾程度严重，或病况严重的人，会需要更多的收入以便得到照顾、矫正残疾、接受治疗，才能实现和别人相同的功能性活动。这就决定了，可行能力剥夺产生的“真实贫困”可能比在收入空间表现出来的贫困更加严重（阿玛蒂亚·森，2002；2006）。

森的“可行能力贫困”比“收入贫困”具有更宽泛的内涵和更高层次的视角，这是因为：其一，贫困用可行能力被剥夺来识别，是从人的自由发展目标层面上来解释的，具有“目的性”；而贫困用收入被剥夺来解释，只具有“工具性”。其二，消除收入贫困是重要的，但这不应成为反贫困的终极动机；关键是提高人的可行能力，如享受教育、医疗保健、社会参与、政治权益等。但与此同时，收入与能力之间也存在着必然的联系，收入与能力之间的关系受个人的年龄、性别、社会角色、所处社区、地理环境以及其他相关条件的影响。有些能力的丧失不仅意味着一个人失去获取收入的能力，而且意味着他将收入转化为功能的能力丧失。同时，收入的相对剥夺可能意味着能力的绝对剥夺。正如森所言，对于一个生活在富裕国家的穷人而言，他可能因为无法进入主流社会而失去参与社会的能力。

从能力贫困的角度考虑，疾病意味着可行能力被剥夺，是造成收入能力丧失并陷入贫困的重要原因。因此，传统的从收入和消费的角度来看贫困只是个静态的概念，仅指某一时间段的物质资产的匮乏，而健康概念的引入则表达了贫困概念的动态性，即未来创造收入摆脱贫困的能力。

（3）权利贫困。贫困理论进一步发展，部分学者认为收入贫困是一种表象，能力贫困揭示了贫困的内涵，贫困的深层次原因是社会权利的不足，即权利贫困。部分人群在经济、社会、文化权利方面缺乏保障，难以享有与社会正式成员均等的权利而被社会排斥或边缘化后导致的贫困状况，表现为社会剥夺、社会排斥等。

英国社会学家汤森在1979年提出“相对剥夺”概念，并将剥夺分为物质剥夺和社会剥夺，指出“假若因为剥夺而不能享有作为一个社会成员应该享有的生活条件，甚至丧失成为社会一员的身份，那么他们就是贫困的”①。世界银行在

① 高云红，张建华．贫困概念的演进［J］．改革，2006（6）：113.

《2000/2001 年世界发展报告》中也明确提出，“贫困是指福利的被剥夺状态”。世界银行报告所说的福利不仅包括物质福利，而且还包括文化福利和政治福利。英国的奥本海默在《贫困真相》一书中写道：“贫困是指物质上的、社会上的和情感上的匮乏。……首先，贫困夺去了人们建立未来大厦‘你的生存机会’的工具。它悄悄地夺去了人们享有生命不受疾病侵害、有体面的教育、有安全的住宅和长时间的退休生涯的机会。”即贫困意味着机会的剥夺。后来“相对剥夺”和“机会剥夺”又发展为“权利剥夺说”。“权利剥夺说”是基于天赋人权的思想，认为社会中的每一个人在法律上都具有一定的基本权利，贫困的原因是由于他们的权利被剥夺。

更多学者运用社会排斥理论分析贫困。1974 年，法国学者勒内·勒努瓦（Rene Lenoir）首次提出了社会排斥的概念，并使用于法国政府的若干政策建议。这个概念在 20 世纪 80 年代开始流行起来，但至今未提出明确的定义。法国官方的定义强调社会排斥是社会纽带的断裂；英国政府的定义是，“当一些人或地区受到一系列相互关联的问题的困扰时，可能发生的情况的简称。这些问题包括失业、技术缺乏、收入低下、居住条件恶劣、高犯罪环境、健康状况不佳及家庭破裂等”；欧盟统计署将社会排斥定义为，“是一个动态过程……：某些劣势导致某些排斥，这些排斥又导致更多的劣势和更大的社会排斥，并最终形成持久的多重（剥夺）劣势”①。经济学家们认为，社会排斥是指某些社会群体部分地或全部被社会排挤，享受不到人应该享有的权利（Strobel，1996）。它包括无法充分参与经济和社会生活（Trylor，1999）、低收入、不稳定的工作、恶劣的居住条件、家庭压力和社会疏离（Paugam，1995）、被排斥在公民权利和政治平等之外等②。

社会排斥拓宽了贫困的研究领域，对贫困的研究从个体特征和具体环境转向形成排斥和贫困的社会结构和群体特征，认为社会分配制度及相关社会政策是造成排斥进而引发贫困的原因。如果贫困是个人基本能力的缺乏，则社会排斥可视为个人长期无法实现某种功能的状态。森认为，社会排斥本身是能力贫困的一部分，受到社会排斥的人可能在其他方面受到剥夺，从而也是造成各种能力不足的原因之一。森总结道，贫困不仅包括收入剥夺和能力剥夺，也包括社会排斥。包括社会排斥在内的贫困强调贫困的非收入因素，因此具有多元性；同时通过研究物质剥夺与非物质剥夺的相互关系和相互影响也显示了贫困的动态性。人们如果遭到社会排斥，不仅关系到本人的生活状况，而且还关乎其后代的生活前景。据

① 王艳萍．克服经济学的哲学贫困：阿玛蒂亚·森的经济思想研究［M］．中国经济出版社，2003：86.

② 郭熙保，罗知．论贫困概念的演进［J］．江西社会科学，2005（11）.

此，社会排斥理论丰富了对贫困的研究，强调社会排斥可以强化对作为能力剥夺的贫困的理解，对贫困的解释更具说服力，而且它在原因和构成方面更有助于为制定政策和诊断问题提供有用的参考，是贫困研究的新阶段。

（4）三者关系。收入贫困、能力贫困及权利贫困都是贫困理论扩展的重要方面，三者相互联系。收入贫困是基础，因为收入低下导致消费不足，用于能力培育的支出低于正常水平，造成能力缺失，形成能力贫困。同时收入贫困和能力贫困又导致参与社会生活的不足，基本权利得不到有效保障，缺少发展途径，又出现收入低下以及能力缺失，形成贫困陷阱。

2. 贫困的衡量

贫困的衡量是贫困理论研究的一个重要方面，是与贫困概念的演进相并行的。

（1）贫困线的确定。各国贫困线的测定，通常都是先确定最低食品需求并计算满足这种需求的食品支出，然后在此基础上测算非食品支出。但是，各国的具体方法却千差万别。例如，在确定最低食品需求时，有的按维持生存的热量摄入量计算（例如印度），有的按几种主要营养要素计算（例如俄罗斯）。在计算食品支出时，是按穷人的实际消费结构还是按平均消费结构？穷人是按什么标准划分的？非食品消费如何确定？各国解决的方法也很不一样。1994 年后，各国逐渐采用了世界银行推荐的方法（即马丁法），这种方法也是中国在 1995 年计算农村贫困标准时所采用的方法。

第一，美国的贫困标准。美国有两个版本的官方贫困线，即贫困线（The Poverty Thresholds）和贫困准则（The Poverty Guidelines）。贫困线由美国人口调查局发布，主要用于统计贫困人口数量。1964 年，约翰逊政府宣布“向贫困宣战”，并确定了贫困的绝对标准，美国经济顾问委员会（CEA）把各类家庭的贫困线设定为每年 3000 美元（按 1962 年美元），对于无亲属的个人，设定贫困线为 1500 美元。贫困准则由美国健康与人类服务部发布，主要目的是用于项目管理。

第二，英国的贫困标准。1950 年以前，英国选用基本的食品、衣服、住房需求的“购物篮子”作为衡量贫困的标准。1950 年后，随着现代福利国家的建立，用“购物篮子”来测量贫困的方法被废除。1979 年以来，英国对贫困的定义是“家庭收入低于收入中位数的 60%”。

第三，澳大利亚的贫困标准。澳大利亚的官方贫困线是亨德森贫困线（Henderson Poverty Line，HPL）。亨德森贫困线是根据贫困调查委员会 1973 年第 3 季度的基准收入[①]制定的。HPL 是标准单位每周支出的 57%。其他家庭类型的贫

① 基准收入是以标准单位计算的，一个标准单位是指满足 2 个成人和 2 个儿童的 4 口之家的基本需要的可支配收入。

困线根据这个贫困线导出。贫困线按照不同时期的人均家庭可支配收入进行更新。

第四，印度的贫困标准。印度贫困线热量依据是农村地区每人每天2435卡路里，城市地区每人每天2095卡路里。基于第28次（1973～1974年）全国抽样调查（NSS）数据，利用适当的转换因子，把标准热量需要的消费食品清单转换为相应的人均货币支出。1973～1974年，平均而言，在农村地区每人每天获得热量2400卡路里，每月需要的货币支出为49.09卢比，城市2100卡路里需要的货币支出为56.64卢比。随着通货膨胀，农村和城市的贫困线作了调整。到2004年，农村和城市的贫困线分别为356.30卢比和538.60卢比。

第五，中国的贫困标准[①]。中国国家统计局发布的政府贫困标准有两个：一个被称为农村贫困标准，另一个被称为农村低收入标准。农村贫困标准是绝对贫困标准，也叫赤贫标准；低收入标准则是一条较高的贫困标准。

中国农村贫困标准在1985年、1990年、1994年、1997年由国家统计局农村社会经济调查总队根据全国农村住户调查分户资料测定。其他年份则使用农村居民消费价格指数进行更新。

估计农村绝对贫困标准大致分为四步：第一步是按照每人每日2100卡路里确定最低营养需求[②]。第二步是估计食物贫困线。利用全国农村住户调查数据，用最低收入农户的食品消费清单和食品价格确定达到人体最低营养标准所需的最低食物支出，作为食物贫困线。第三步是利用计量方法估计非食物贫困线。假设靠牺牲基本食物需求获得的非食品需求是维持生存和正常活动必不可少的，也是最少的，并根据回归方法计算出收入正好等于食物贫困线的人口的非食物支出（包括最低的衣着、住房、燃料、交通等必需的非食品支出费用），作为非食物贫困线。第四步是估计贫困线（贫困线=食物贫困线+非食物贫困线）。这种方法是世界银行推荐的马丁法。

为了更好地监测刚实现基本温饱的贫困人口的动向，并进行贫困的国际比较，1998年，国家统计局开始测算新的贫困标准，从2000年起，以低收入标准的名义向社会公布。具体方法是：采用1997年的食物贫困线（经物价指数调整），再利用在贫困状况下食物消费占总生活消费60%的假设，计算出1998年农村低收入标准为880元。该标准的测定使用了世界粮农组织采用的一个通用的假设，即假如恩格尔系数（食物消费份额）在60%以上时，生活水平一般为贫困。按1993年购买力平价换算，“1天1美元”标准在1998年应为每年885元人

① 王萍萍．中国贫困标准与国际贫困标准的比较［J］．中国国情国力，2006（9）．

② 最低营养需求是指维持人体生存所必需的营养需求。

民币，这与低收入标准非常接近。

随着经济活动水平的进一步提高，我国贫困标准的局限性越来越突出。为此，中国政府再次提出提高扶贫标准的工作要求。2007 年中国共产党第十七次全国代表大会报告指出："着力提高低收入者收入，逐步提高扶贫标准和最低工资标准。"国务院扶贫开发办公室 2008 年工作要点指出，按照到 2020 年"绝对贫困现象基本消除"的奋斗目标和"逐步提高扶贫标准"的要求，积极稳妥地做好调整扶贫标准工作，并把逐步提高扶贫标准作为三件重要的事情之一。2008 年 10 月，中共十七届三中全会通过的《关于推进农村改革发展若干重大问题决定》进一步明确了新阶段扶贫开发的政策措施和工作重点，其明确指出，推进农村扶贫开发，实行新的扶贫标准，对农村低收入人口全面实施扶贫政策，把尽快稳定解决扶贫对象温饱并实现脱贫致富作为新阶段扶贫开发的首要任务。2008 年年底，中国宣布将扶贫标准从人均年收入 786 元提高至 1067 元。2009 年的扶贫新标准在 2008 年的 1067 元基础上，根据 2008 年物价指数做出调整，新标准为 1196 元。

第六，世界银行的贫困标准。1990 年，为了比较各国的贫困状况，世界银行对各国的国家贫困标准进行了研究，发现在 34 个有贫困标准的发展中国家和转型经济国家中，贫困标准每年 200 ~ 3500 美元不等（按 1985 年购买力平价将各国货币表示的贫困标准换算成美元）。其中，12 个最贫困国家的国家贫困标准集中于 275 ~ 370 美元。因此，世界银行在 1990 年采用了 370 美元作为衡量各国贫困状况的国际通用标准。同时，为了有效地反映印度、孟加拉国、印度尼西亚、埃及、肯尼亚等国的贫困状况，世界银行将 275 美元（约合 1 天 0.75 美元）作为国际通用赤贫标准，用于比较各国的极端贫困状况。按 1985 年购买力平价计算的每年 370 美元的高贫困线被简化成"1 天 1 美元"的贫困标准。1994 年，世界银行对贫困标准重新进行了研究，按 1993 年的购买力平价测算，10 个最贫困国家的平均贫困线约为 1 天 1.08 美元。2008 年，世界银行将国际贫困标准从"1 天 1 美元"提高到"1 天 1.25 美元"。

（2）贫困程度测定。从经济或物质的角度衡量贫困程度的综合指数包含三个因素：贫困发生率，用来反映贫困人口的规模；贫困缺口率，用来反映平均贫困程度；基尼系数，用来反映贫困人口中的相对贫困程度。

第一，贫困发生率。根据农村居民收入数据，计算收入低于绝对贫困线的人口占总人口的比例，公式为 $PH = q/n$。其中，q 表示贫困线以下的人口数，n 表示总人口数。运用贫困发生率可以测定贫困人口的规模和变动情况，而且该指数具有简单、直观、易于被普通大众所理解以及操作性强等优点而被广泛应用。但是贫困发生率不能反映贫困线以下人口的收入变动及收入分布情况，也就不能反

映贫困人口的收入减少和收入转移情况。

第二，贫困缺口率。为了弥补贫困发生率在测定贫困程度状况上的缺陷，应用贫困缺口率测度穷人收入低于贫困线的程度。因此，该指数又被称为“贫困差距比率”或“相对贫困指数”，其公式为：

$$PI = \frac{\bar{g}}{\pi} = \frac{\pi - \bar{y}}{\pi}$$

其中，$\bar{g}$ 表示平均缺口；π 表示贫困线；$\bar{y}$ 表示贫困人口贫困收入。

该指数可以敏感地测定贫困人群低于贫困线的程度，从而弥补贫困发生率的不足。但是不能反映贫困人口的规模、比例及贫困状态的分布。

第三，Sen 指数。为了修正上述贫困测量指标的缺陷，阿玛蒂亚·森确立了一个精确的贫困度量指标，后被称为 Sen 指数。该指数将人头指数、贫困缺口指数与贫困人口中不平等程度结合起来，因此具有突出的优点。其公式为：

$$P = \frac{q}{n\pi}[\pi - \bar{y}(1 - G)] \text{ 或 } P = PH[\frac{1 - \bar{y}(1 - G)}{\pi}]$$

其中，G 为穷人收入分布基尼系数。P 的取值在 0 ~ 1 之间变动，当每个人的收入都在贫困线之上时，$q=0$，$P=0$；当所有人都没有收入，或社会分配极度不平等时，$\bar{y}=0$，$G=1$，$P=1$。

三、风险相关理论

1. 风险的定义

“风险”一词来源于人类对自然界未知领域的探索早期重商主义资本家的海外商贸活动，是一种在经济和商业活动中客观存在的危险，受到人们的普遍关注。随着经济社会的发展，逐渐与人类的决策和行动的后果联系在一起，已成为现代生活中无法回避的内容。但不同的人对“风险”概念的理解各不相同，因此要给出一个明确的、毫无异议的定义是非常困难的。目前，人们普遍将“风险”界定为不确定状态，或者某种损失发生的不确定，或者预期结果与实际结果之间的偏离程度。

2. 风险来源及识别

为了更好地了解风险并采取合适的应对策略，对人们难以承受的风险和冲击进行分类是必须的。

世界银行（2001）按照风险发生的层面以及事态的性质将风险进行了划分，见表 2－1。风险发生的层面包括微观、中观和宏观三个方面。微观冲击通常是特有的，仅仅对特定的家庭或个人产生影响；中观冲击作用于整个社区或村庄；宏观冲击则限于国家或国际层面。中观及宏观层面的风险是共有的，将对某个群体的所有家庭及个人产生影响。而事态的性质主要包括自然、健康、社会、经济、环境风险等。与此分类标准类似，Weinberge 等（2000）将风险分为生产风险、健康风险、社会风险和制度风险，并同样区分了风险的协变和异质特性。

表 2－1　风险的主要来源

风险类型	微观 特有的	中观 ←————	宏观 ————→	共有的
自然风险		暴雨 滑坡 火山喷发	地震 洪水 干旱 暴风	
健康风险	疾病 受伤 残疾 老龄 死亡	流行病		
社会风险	犯罪 家庭暴力	恐怖主义 帮派活动	市民冲突 战争 社会动荡	
经济风险	失业 歉收 破产	重新安置	粮食价格变动 增长滑坡 恶性通货膨胀 国际收支、金融或货币危机 技术冲击 贸易条件冲击 经济改革的转轨成本	
政治风险		暴乱	政治上不支持 社会项目	
环境风险		污染 森林砍伐 灾难		

资料来源：Holzmann 和 Jorgensen（1999）；Sinha 和 Lipton（1999）；世界银行（2000）。

对于农户来说，农业生产又赋予了其独特性，因此其风险来源具有一定的特殊性。Dercon（2001）将农户的各类资源、收入、消费以及制度安排置于统一的分析体系，发展了风险和脆弱性的分析框架，见表 2－2。周而复始的农业生产可以简单描述为：农户运用自身的资源获取收入，再将收入转化成效用以及下一

轮的投资。在这一过程中，每个环节都受到风险的影响。

表 2-2 农户风险识别与评估框架

风险类型	风险来源	可能遭受的风险
资产风险	物质资本	自然灾害导致资产毁损
	土地资本	土地制度的不稳定
	金融资本	通货膨胀、汇率变动导致本币贬值
	公共物品	公共物品权责不明确
	人力资本	失业、疾病、丧失劳动力
	社会资本	承诺、信用的不稳定
收入风险	资产回报	收入与资产价格相关
	资产处置	生产中获得投入品及现金支持的不确定性
	创收活动	产量风险、价格风险
	储蓄投资	资产的收益风险（贬值）
	转移汇款	非正规安排的不可靠
	经济机会	难以获得完全的信息和知识
福利风险	教育	公共提供的不确定性，教育成本高
	营养	消费品价格波动
	能力剥夺	缺乏获取效用的能力
	社会排斥	被边缘化

资料来源：Dercon（2001）。

3. 社会风险管理策略

由于风险自古就伴随着人与社会，并呈现不断扩大与日益复杂的趋势。健康风险存在造成经济损失及非经济损失的可能性，因此具有极大的危害性，同时又具有一定的可控性。为达到防范和化解风险的目的，Holzmann 和 Jorgensen（1999）提出了社会风险管理（Social Risk Management）框架，见表2-3。社会风险管理指在全面系统的社会风险分析基础上，强调综合运用各种风险控制手段，合理分配政府、市场、民间机构及个人的风险管理责任，强调通过系统的、动态调节的制度框架和政策思路，有效处置社会风险，实现经济、社会的平衡和协调发展的新的策略框架（林义，2002）。

按照风险控制的方式不同，风险管理可以划分为预防型、缓冲型、补偿型及应对型。预防型风险管理工具用来降低未来风险发生的可能性，通常在风险发生前实施，主要表现为宏观经济政策、公共卫生政策、环境保护政策、教育和培训

表 2-3 社会风险管理框架

安排策略	非正式的	基于市场的	公共的
		风险减少	
	低风险生产 移民 适当的喂养 参与卫生或其他疾病预防活动	在职培训 金融市场知识 公司或市场制定的劳工标准	良好的宏观经济政策 职前培训 劳动力市场政策 减少童工干预 残疾人政策 预防艾滋病和其他疾病
		风险缓冲	
多元化	多份工作 投资人力、物质和房产资产 投资社会资本（仪式、互赠礼物）	投资多种金融资产 小额贷款	养老金制度 资产转移支付 保护财产权 支持服务穷人的金融市场
保险	婚姻/家庭 社区安排 分享租佃权 联合劳动	退休金 残疾、事故和其他保险（如农作物保险）	公共管理提供的失业、养老、残疾、遗属、疾病等保险
保值	扩展家庭 劳动合同		
		风险应对	
	出售房地产 向邻居借贷 社区内部转移支付/慈善 让子女工作 减少人力资本存储 季节性/暂时性移民	出售金融资产 向银行借贷	赈济 转移支付/社会救济 补贴 公共工作

资料来源：Holzmann 和 Jorgensen（2000）。

计划等；缓冲型风险管理工具用来减小未来风险发生后的潜在影响，同样在风险发生之前实施，它又包括投资型和对冲型两类；补偿型风险管理工具一般在风险发生前实施，而一旦风险事件发生，其福利损失的补偿可以达到或接近损失前的水平，这是指社会保险、商业保险和一些非正式的保险机制。应对型风险管理工具指在风险发生后实施的用于减轻、抵消风险所造成的后果的措施。此项策略可以包括：个人动用储蓄/借贷、移民、出卖劳动力、减少食物摄入，或者依靠公共或私人救济等。

按照制度安排的正式与否，划分为非正式型及正式型。非正式的制度安排指在缺乏市场机制和政府公共保护的条件下，单个家庭通过非正式的和私人的安排进行自我保护，如婚姻、互助的社区支持以及各种资产积累；正式的制度安排主要指通过市场机制或公共制度安排，如金融资产——现金、银行存款、债券和股票，各种保险合同以及社会保险、转移支付和公共工作等。

除了策略和安排外，风险管理还涉及谁来管理或提供管理安排——行动者。通常情况下，风险管理的行动者包括：个人和家庭、社区、非政府组织、市场机构、政府以及国际机构。

第二节 国内外相关文献综述

一、健康与贫困的研究动态

1. 对健康贫困的理解

健康是人力资本的重要形式之一，因此民众的健康可以看成发挥功能的一种关键性的基本能力，健康被剥夺是贫困的一种形式，也是导致收入贫困的重要原因。很多研究者都认识到健康贫困是贫困的一个重要内容。健康的负性事件，即疾病的发生一方面造成了家庭医疗支出的增加，另一方面使人们丧失了人力资本投资的能力和改善自身境遇的机会，给家庭的收入获取能力造成负面冲击，这两方面的原因使疾病成为家庭陷入贫困的重要原因。而对于贫困家庭来说，由于营养不足以及因不能支付医疗费用，其遭受的健康风险远大于非贫困家庭，进一步制约了人们健康水平的提高，最终形成了健康水平低下→贫困→健康水平再度恶化的陷阱。这种由于健康水平低下造成人力资本投资不足而产生的贫困即称为“健康贫困”（樊桦，2001）。另外，孟庆国、胡鞍钢（2000）基于森的能力贫困的视角，提出健康贫困是一种机会丧失和能力剥夺，即由于经济发展水平低下、支付能力不足所导致的参与医疗保障、卫生保健和享受基本公共卫生服务的机会丧失，以及由此所造成的健康水平下降导致的参与经济活动的能力被剥夺，从而带来的收入减少和贫困的发生或加剧。这一解释表明机会的丧失与能力的剥夺是健康贫困的原因。陈迎春（2005）认为，健康贫困还应该包括文化和制度方面的原因，健康贫困应该理解为一种参与健康保障、获得基本医疗预防保健服务的机会丧失和能力剥夺而导致的健康水平低下，从而又带来了收入的减少和贫困的发生或加剧，其核心在于经济发展水平的低下使得人们支付能力不足，而文化的贫困以及健康保障制度的缺失和不完善，进一步导致了保障健康的机会丧失和能力剥夺，并进一步加剧收入贫困。总结起来，健康贫困是贫困的重要内容之一，是一种客观存在，主要表现为健康机会的丧失或被剥夺，并引致能力丧失，加剧收入贫困。所以健康贫困与收入贫困往往互为因果，形成“因病致贫”、“因贫致病”的恶性循环。

2. 对疾病经济负担的研究

疾病对家庭生活的影响主要通过疾病负担，包括疾病的直接经济负担、间接经济负担以及心理负担等途径实现，直接经济负担主要指就诊发生的医疗费用及间接费用，间接经济负担主要指损失的工作时间的机会成本，包括患者和照料者。Onwujekwe 等的研究将疾病的经济负担分为家庭财政成本和经济治疗成本，分别类似于直接经济负担和间接经济负担。国内外对疾病经济负担的研究既有对多种疾病甚至所有疾病的研究，也有对单一病种的测量；既有针对全国性的，又有仅对某个地区的研究。张文静、李颖琰（2007）评估了河南省贫困农民的医疗费用及疾病经济风险。蒋远胜等（2005）对四川农户的研究发现户均疾病成本为 3653 元，为农户年收入的 29%，其中财务成本占 55.3%，时间成本占 44.7%，与 Asfaw（2003）、Sauerborn 等（1996）估算的埃塞俄比亚和布基纳法索农户的平均疾病直接成本 13.64 美元和 8.27 美元相比，相对较高，且占农户年收入的比例也相对较高。而陈玉萍等（2008）对湖北省贫困县农村劳动力大病经济成本的研究表明，农村劳动力患大病的人均经济成本为 5579 元，高于疾病的平均成本。另外，医疗费用开支对低收入家庭的影响远远超过高收入家庭，例如 Wilkes 等的研究表明：在泰国最贫困家庭组的直接医疗费用占年收入的 21.2%，而最富裕家庭组的仅占 2.1%；在中国住院花费分别占两种家庭组年收入的 59% 和 8%①。

部分重大疾病，如肺结核、艾滋病、慢性病等将给家庭带来更高的负担成本，对贫困家庭来说更是灾难性的，通常要花费家庭年收入的 10% 以上甚至更多，尼日利亚患有疟疾的家庭每年花在疟疾上的总的经济负担占家庭年收入的 13%，在肯尼亚占到 18%（张秀兰，2003）。Mead Over（1992）对坦桑尼亚的艾滋病患者进行了研究，发现在 1985 年每例 HIV 的平均治疗花费 2462 ~ 5316 美元，大约降低人均收入的 8.5% ~ 18.3%；尹爱田等（2006）利用我国山东、甘肃两省的抽样调查衡量了慢性病家庭每年负担的治疗费用平均在 1000 元以上，因病致贫的比例达 54.02%。而对江苏省李庄村的调查表明，有慢性患病成员的家庭年平均医疗费用支出为 2578 元（国情调查课题组，2009）。

① 张秀兰. 因病致贫和因贫致病的路径分析. 健康与发展国际研讨会，2008 年.

疾病除了给家庭带来经济负担外，还会对家庭成员造成心理负担，这种负担既有现实的、经济上的，又包括情感上的（Lowyck，2004），特别是如果长期照顾患病成员，家属会情绪低落，从而对家庭生活产生消极影响（Magliano，2006）。McIntyre 和 Thiede 的研究指出，疾病还会产生一种隐藏的但同样会给家庭带来重大影响的负担，即“非法收费”，Balabanova 和 McKee 及 Killingsworth 等也进行了相关的研究。在国内，这种现象多被称作“送红包”。吕本友（2005）认为，“红包”现象的产生主要是由于信息不对称的存在，从而导致医疗服务市场上医患之间出现了严重的内部交易成本。而“红包”、“回扣”进一步增加了病人，特别是自费病人医疗服务的经济负担，导致医疗服务可及性的不公平（项莉、陈增国，2004）。本来就已经很昂贵的医疗费用，再加上“红包”这一项负担，让患者家庭经济雪上加霜。

3. 健康对收入的影响

“因病致贫”的症结最主要还在于疾病对收入及收入能力的影响。疾病对家庭收入能力的影响主要体现在短期和长期两方面。短期影响主要体现在患病者治疗花费的损失、一段时间内劳动能力的丧失以及其他家庭成员因看护而导致的劳动时间的损失，从而使家庭收入受到影响；长期影响主要体现在家庭在健康方面的大笔费用会挤占其在生产设备方面的支出，从更长的时间来看，甚至会影响子女的教育投资，从而损害家庭的创收能力。这两种影响交织在一起使得疾病冲击使农户有陷入长期贫困的可能（高梦滔、姚洋，2005）。

关于健康对收入的影响，国外的相关研究主要有：Strauss（1986）通过建立农业生产函数检验了塞拉里昂家庭的卡路里摄入与家庭农业劳动生产率的关系，回归结果显示卡路里摄入对劳动生产率存在显著的影响。使用类似的健康测量指标，Sahn 和 Alderman（1988）对斯里兰卡的研究发现，人均卡路里摄入量对男性工资有显著影响。Schultz 和 Tansel（1996）以伤残日来衡量健康水平，采用工具变量法估计了健康水平对工资水平和劳动供给的影响，结果表明伤残日与工人的劳动生产率和年收入水平呈负相关，每增加一个伤残日，将导致科特迪瓦工人10%的生产率损失，加纳工人11.7%的生产率损失。Thomas 等（1997）运用身高、BMI、卡路里及蛋白质摄入量等健康指标研究了健康水平对巴西劳动者收入的影响。IV 的估计结果显示，四个健康指标对工资均有显著的影响。樊明（2002）运用美国数据研究了健康和一些特定疾病对劳动力市场的影响，结果显示，健康不良导致劳动力参与率下降、就业机会减少及工资的减少。考虑具体疾病，Smith（1999）、Wu（2003）的研究均表明疾病，特别是严重疾病将导致家庭财富减少。

在国内研究方面，张车伟（2003）在控制内生性的前提下研究了营养和健康对劳动生产率或收入的影响，结果表明，卡路里拥有量的产出弹性为0.57，农户种植业收入随着卡路里拥有量的增加而相应增加；而疾病指标的回报为负，家庭劳动力因病无法工作时间每增加一个月，家庭年种植业产值收入将减少2300元。最后得出贫困地区部分人群无法脱离贫困的根本原因在于其健康状况的结论。魏众（2004）利用1993年CHNS数据从微观层面探讨了中国农村地区健康对非农就业及其工资的影响，研究发现，健康对劳动参与及非农就业作用显著，但对种植业参与几乎没有作用；同时健康对工资决定也没有表现出显著影响。刘国恩等（2004）以贝克尔的人力资本理论以及Grossman的健康生产函数为基础，同样基于CHNS数据，使用固定效应模型对中国人口健康与个人收入生产力的关系进行了实证研究，发现健康人力资本是决定家庭人均收入的重要因素，而且农村人口健康的收入收益要高于城市人口，女性高于男性。高梦滔、姚洋（2005）基于农业部农村固定观察点8个省份的微观面板数据，测算了健康风险冲击对于农户收入的影响及影响收入的动态行为。研究发现，大病冲击对患病农户人均纯收入的平均边际影响为5%～6%，并且会在长期内影响农户，持续期约为14～15年，患病后第6年是影响最为严重的。特别是这种影响对于贫困农户最为严重。运用同一数据，北京大学中国经济研究中心“健康风险对中国农村地区家庭收入与消费的影响研究”课题组研究发现，大病治疗直接对农户形成较大的经济负担，对于农户的储蓄和消费都有即期的影响；而且大病通过降低农户人力资本的投资，影响农户的长期收入。大病发生当年对农户的收入影响并不显著，但是这种大病冲击的效果在患病第二和第三年显现出来，样本农户在患病后第四年的可比收入水平才恢复到患病前一年。孙昂、姚洋（2006）认为，发生在农户劳动力身上的大病冲击对子女教育人力资本投资的负面影响是“因病致贫（返贫）”的一种作用机制。

综观国内外研究，尽管对健康指标的选取有所不同，但基本都表明健康是一种资本，能够提高劳动生产率，对收入有重要影响。而健康负向冲击将带来收入或财富的减少。在研究方法上，工具变量法、固定效应模型等被用于解决健康的内生性问题。

4. 健康与贫困关系研究

上述研究基本从收入角度间接验证了健康确实对农户贫困有重大的影响。37.8%的农村贫困家庭是因为疾病或损伤而导致的，疾病已成为农户致贫的主要原因（卫生部，2008）。对偏远地区，这种现象更为严重，刘洪钟、刘贵生（1998）对内蒙古苏木乡的调查结果表明，贫困人口中的40%是因病致贫，15%是因病返贫，50%左右的贫困户在患病后因没钱而未就诊。结核、肝炎、肺心病、肿瘤、外伤、氟病、碘缺乏病等是因病致贫、因病返贫的主要疾病。李小

云、唐丽霞（2005）专门对艾滋病与贫困的关系进行了全面深入的阐述，研究发现艾滋病与贫困存在互为因果的关系，且主要通过对家庭生产、收入支出、生活质量以及生活环境四个方面对贫困产生影响。王国祥（2007）、汪燕敏（2009）实证分析了农户健康不良与贫困的关系，无论是绝对贫困指标，还是相对贫困指标，两者均呈负相关的关系。

在国外研究方面，Wilkes 等和 Russell 研究发现病人或家庭自付的医疗费用开支对低收入家庭的影响要远远超过高收入家庭，从而更易陷入贫困①。Jalan 和 Ravallion（1998）对中国农村的研究发现，家庭成员的健康不良是长期贫困而不是暂时贫困的重要决定因素。Namyan 等（2000）指出，由于损伤和疾病容易降低家庭收入、增加治疗费用，并使得原本有收入的成员变成家庭负担，因此损伤和疾病普遍成为家庭陷入贫困的根源。Sen（2003）运用孟加拉国的面板数据，发现疾病是与暂时贫困相联系的一个重要因素。Dercon（2003）对埃塞俄比亚的研究同样发现贫穷者不同程度地遭受健康冲击。David Lawson（2004）对乌干达的研究发现健康不良与家庭跨期陷入贫困有很大联系。

二、健康风险分担的研究动态

风险分担问题是农户在既有的约束条件下所做的最优选择。在 Holzmann 和 Jorgensen（2000）提出的社会风险管理框架中，主要分为非正规机制和正规机制，世界银行（2001）也强调了正规制度与非正规制度相结合的不同层次的风险化解措施。关于正式的与非正式的风险分担机制的关系，有两种不同的观点：一类研究认为两者相互排挤。在传统社会，人们依赖非正式风险应对机制能够较好地应对常见风险，受传统文化的影响以及正式保障制度的缺位，给了非正式风险分担机制较大的发展空间。且非正式风险分担机制一旦形成将对正式保险产生一定的排斥作用。如蒋远胜等（2003）的实证结果表明，家庭风险分担团体的功能与农户对正式健康保险的需求呈反比；Rosenzweig（1988）利用来自印度的实证数据揭示了家庭和朋友之间私人转移的重要性，而这种私人转移常常排挤正式风险机制。与此相反，鉴于非正式风险分担机制的不完整和低效，一旦有正式风险分担机制介入，其期望效用将受到影响，从而产生正式风险分担机制排挤非正式风险分担机制的效应（Jowett，M.，2003）。当然，两者之间并不完全对立，即不存在一种机制将另外一种机制完全排挤的现象。另一类研究从社会资本和凝聚力的角度出发，提出了正式和非正式风险分担机制之间存在相互促进的效应。使用非正式风险分担机制的社区往往具有较高的社会资本和社区凝聚力。而具有高

① 张秀兰．因病致贫和因贫致病的路径分析．健康与发展国际研讨会．

度凝聚力的社区容易产生集体行为，这将促使更多的社区成员加入到正式风险分担计划中去。反过来，正式风险分担计划的实施又能增强社区和家庭的社会资本和凝聚力，这使非正式分担机制的使用频率和效果得到提高（Rafael Di Tella，2002）。

健康风险是农户遭受的最严重的风险之一，对于健康风险的应对策略国内外学者作了详细的研究。马敬东、张亮（2005）运用 Holzmann 的社会风险管理概念框架分析了健康风险的预防、缓和及应对策略。Sauerborn 等（1996）、于浩和安迪（1998）、Gertler 和 Gruber（2000）、蒋远胜等（2003、2005）、李哲等（2009）从家庭的范围、扩大的家族范围以及社区范围总结了农户应对疾病风险的策略包括：使用现金和储蓄、出售牲畜、变卖其他财产或生产资料、改变生产活动、向亲戚朋友借款、向银行贷款、亲友赠与、赊欠医疗费用、免除医疗费用、社会救济等应对经济成本的策略，以及家庭间劳动力替代、改变土地的产出模式（从劳动密集到资金密集）、雇佣劳力、接受社区提供的免费帮助等应对时间成本的策略。Sauerborn 等（1996）发现，户内劳动替代是应对疾病时间成本的主要策略，出售牲畜是应对经济成本的主要策略。对于疾病成本的应对策略主要发生在户的层次上，家庭间资源的转移起到的作用有限。对于数额不大的医疗费可用手持现金或存款来支付。但是，当医疗费相对于家庭收入或储蓄变得很大时，人们不得不采用其他筹资方式。蒋远胜、Joachim von Braun（2005）从风险应付是否转移了大的灾难、是否减少或转移了疾病对农户生产的一些负面影响以及是否保护了农户的资产三个方面，评判了家庭风险应对的有效性，指出农户的疾病风险应对是成功的。

高昂的组织成本使得农民在其生活的社区中很难形成正规的健康风险分担机制，其分担风险的办法基本上是非正式的（让·德雷兹、阿玛蒂亚·森，2006；陈传波、丁士军，2005；乔勇、丁士军，2009）。在多数情况下，农户的健康风险应对策略是理性的。人们依赖非正式的风险分担机制可以部分地分担农户所遇到的健康风险（特别是大病风险），这是我国贫困农户几千年来应对风险所积累的制度知识，这种家庭风险分担机制对农村的医疗保险具有一定的替代作用（蒋远胜等，2003；陈传波、丁士军，2005）。蒋远胜、Joachim von Braun（2005）的研究也指出，家庭和“扩大的家庭”在疾病成本应对中起重要作用。这说明，农民在应对疾病风险的策略上除了自我保障、土地保障等以外，还是主要依靠家庭和社区内的人际网络，且亲友的借贷和帮助是采用最多的方式，也是有效的方式（乔勇、丁士军，2009）。

农户依赖自身资源、扩展家庭和社区资源形成的非正规机制能在一定程度上应对健康冲击，但是，随着市场经济的进一步发展，传统的家庭分担机制受到了

严峻挑战，贫困农户因受到非正规资源的限制，更需要来自正规机制的帮助（李哲、陈玉萍、丁士军，2008）。因为农户应对疾病风险的短期策略会导致机会成本的损失，严重影响再生产能力，从而可能对未来的风险缺乏抵御能力，导致生活陷入困境（于浩、安迪，1998；李哲等，2009）。马敬东等（2007）指出，农村贫困家庭健康风险的非正式分担机制的功能，往往受个人家庭自身资源、风险特征以及风险分担形式等因素影响，具有临时性、有限性和不确定性的特点，因此需要纳入到一个更加灵活、开放、有效率和低成本的，包括政府、市场、非政府组织以及农户等多方主体参与的管理框架。王欢等（2008）也指出，最终农村贫困家庭的健康风险化解的主要途径仍然要依靠政府加快建立和完善正式的保障制度，非正式的健康风险分担机制作为补充，形成一个综合的健康风险管理体系。目前，商业保险作为一种风险分摊的保障模式已引起农民的高度重视，农户开始选择运用商业保险来分担家庭积聚的各种风险，从农民所购买的保险种类看，主要为医疗保障险种（史清华等，2004）。另外，与我国农村经济相结合的合作医疗保险也可以较好地分担农户的健康风险（李扬、陈文辉，2005）。但是，王遥平、李信（2003）指出，考虑到我国农户购买力低的现实状况，其实并不适宜采用市场化的医疗保险，根本出路在于政府加大对农村医疗的投资力度，加强农村的合作医疗建设。

而关于各种正式健康风险应对机制效果的研究，一种观点认为互助医疗、新型农村合作医疗制度对缓解因病致贫发挥了重要作用，如罗力等（2005）将因病致贫界定为农村居民家庭医疗费用大于等于就医经济风险临界线，并测算了消除因病致贫的筹资水平，认为新农合现有筹资水平能够达到消除因病致贫的目的。陈迎春等（2005）、徐润龙（2006）、贾晓蓉等（2006）、高建民和周忠良（2007）、闫菊娥等（2009）通过比较医疗费用补偿前后贫困指标的变化，对不同地区的研究均得出新农合制度的实施能够缓解因病致贫的结论。另一种观点则认为新农合等正规保险制度起到的作用有限。朱玲（2006）对世界银行在华贷款卫生Ⅷ项目执行过程中对农村特困群体实施医疗救助（MFA）项目的评估表明，MFA 有助于减轻疾病负担对贫困人群家庭经济的冲击，制度中的费用补偿主要针对医疗费用，而不能弥补农村居民收入能力的损失，因此难以预防贫困深度的加剧和阻止暂时贫困向长期贫困的转化。解垩（2008）发现医疗保险对减少收入不平等只起到微弱作用，在减少贫困上的作用很小。陈在余和蒯旭光（2007）利用 2004 年 CHNS 数据，通过对农民参加合作医疗及医疗支出的选择行为的分析，认为目前的新农合制度并没有为农村居民提供足够的医疗保障。乔勇和丁士军（2009）对四川省阆中市农户的调查结果表明新型农村合作医疗制度和贫困医疗救助制度对大病农户的医疗费用资助明显不足，且富裕户受益最多。Philip

H. Brown 等（2009）研究发现，参加新型农村合作医疗有助于遭遇健康风险的农户平滑消费，但由于绝大多数新农合项目仅报销大病住院费用，因此尚不足以提升农户的消费水平。

第三节　对相关研究的评述

在关于健康与贫困关系文献的梳理过程中，我们发现前人更多地侧重于研究健康对工资、收入、劳动率等的影响，而很少有研究从微观方面直接探讨健康与贫困、贫困发生率之间的关系，特别是国内的研究。仅有的几篇也仅运用简单的二元选择模型，而没有充分考虑健康的内生性问题。另外，考虑健康冲击动态影响的研究更是稀少，虽然高梦滔等探讨了大病对农户收入的长期影响，但也没有涉及对长期贫困的影响。鉴于目前研究中的不足，本书主要立足于健康冲击对贫困的影响，同时涉及健康冲击对贫困动态变化的影响。

在应对措施研究上，现有的文献仅从非正式和正式机制两个方面对健康风险的应对策略进行了归纳总结，且对于各个策略实际所产生的效果仅限于简单的描述，没有更复杂的实证分析，特别是关于非正式风险分担机制效果评价的研究尤其欠缺。同时，更没有相关研究将健康风险、应对策略以及福利后果纳入到统一的分析体系来探讨三者之间的关系。

第三章 理论分析框架

第一节 分析框架

本书借鉴 Steven Russel（2004）的研究思路，将健康风险、应对策略及福利后果三者之间的关系置于统一的分析框架，见图 3－1。健康风险主要侧重于疾病所产生的经济损失，相应地，福利后果就是经济贫困。

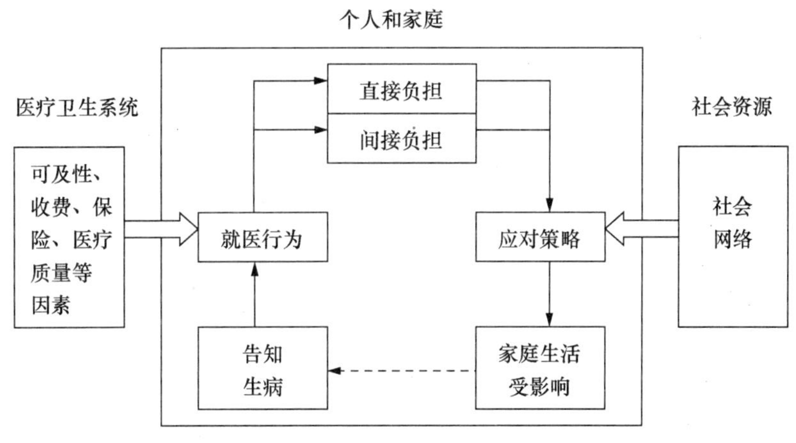

图 3－1 疾病对家庭的影响

要探讨三者的关系，其逻辑起点是家庭成员确认生病，从而引发对医疗服务的需求，而要转化为对医疗服务的有效需求还取决于人们行为的选择，是选择治疗，还是选择不治疗。一旦选择到正规医疗机构进行治疗，必然产生经济负担，主要是指由于疾病、残疾、死亡给患者、社会带来的经济损失以及为防治疾病而消耗的卫生资源。其包括两个组成部分：用于治疗和预防疾病的直接经济负担以及造成劳动力损失的间接经济负担。当然，除了经济负担外，还会对家庭成员造成心理负担，而心理负担往往是不可衡量的，包括病人、其他家庭成员对疾病的康复缺乏信心、对未来生活丧失希望。由于心理负担无法衡量，所以本书主要关注经济负担。当经济负担超过家庭的承受能力时，或者说缺乏足够的能力来应对疾病的经济风险，那么该家庭就存在贫困脆弱性。

当然，为应对各种医疗负担，特别是大额的费用支出，家庭将采取一系列风险管理策略，可以划分为正式的和非正式的应对策略，见表3－1。

表3－1　农户应对健康冲击的策略

非正式的应对策略		正式的应对策略	
个人/家庭	亲友/社区	市场	政府
动用现金、存款 出售资产（包括生产性资产和生活性资产） 提前出院或转诊 减少食物支出 减少必要的投资（健康、教育投资、农业投入等） 子女辍学外出打工	亲友借贷 亲友捐赠 社区互助	商业保险	社会医疗保险 医疗救助 非政府组织的援助

应对疾病风险的正式制度主要指健康保障制度，它拥有资金筹集、风险分摊及对卫生服务提供者提供补偿支付三大功能，而风险分摊功能是缓解因病致贫的理论基础，通过将筹集的资金进行集中管理供参与者共同使用，由大家共同分担由疾病带来的经济方面的风险，也可以称为“保险功能”。健康保障制度的风险分摊能力取决于参加筹资成员和受益成员的数量以及筹集资金的数量。另外，健康保障制度能够保障参与者享受医疗服务的权利，从而起到预防疾病经济风险的功效。在我国农村，目前正式的健康保障制度主要指新型农村合作医疗制度以及特困人口医疗救助制度，但也不限于这两种模式，如商业医疗保险。而其中又以新型农村合作医疗制度为主导模式，医疗救助制度主要针对处于确定贫困标准以下的贫困人口，因此新型农村合作医疗制度将作为本书正式的健康风险应对机制的代表。

由于我国农村地区正式的健康保障制度缺失或不完善，对健康经济风险的分担能力有限。因此，农村家庭往往依托非正式的分担机制，即通过家庭、亲属、非亲属、社区等关系网络分散风险。首先，家庭是由个人组成的联合体，当家庭中某个个人因疾病无法有效获取资源从而难以生存时，家庭自然发挥资源分享和

风险分担的功能，实现家庭内资源的重新配置，使该家庭成员享受家庭为其提供的保障。在个人或家庭层面的应对策略主要包括动用现金存款、出售家庭资产（包括生产性资产和生活性资产）、减少食物支出、提前出院或转诊到收费低的医疗机构、让子女辍学外出打工等。其次，基于血缘、地缘等关系的扩展家庭以及社区的互助行为对家庭的健康风险同样具有化解作用，包括亲友间的借贷和赠与、社区成员间的互助等。这就意味着，如果农户是经济理性的，并且是风险回避型，健康经济风险首先在家庭内部分散，然后向扩大的家庭及更远的关系扩散，也就是说农户的风险应对具有层次性。

更深入的分析可以看出，一方面，非正式的应对策略一定程度上能够达到分散风险的目的，从而缓解因病致贫。另一方面，也可能使家庭产生贫困脆弱性，更易陷入贫困的境地，见表3－2。在面对医疗负担时，农户家庭最及时的反应策略是减少消费，动用现金和储蓄。当存款不足时，会继而求助于亲戚朋友的借贷，当农户背负沉重的债务，或者已经借贷无门，但仍不能解决困难时，则只好变卖资产以换取收入，维持生计，特别是生产性资产的变卖将对家庭产生长期影响，增大家庭经济贫困的脆弱性。对于间接医疗负担的应对策略主要是家庭内部或家庭间劳动力资源的重新配置，比如说家庭其他成员延长劳动时间，雇用专业照顾人员，让上学子女辍学在家照顾或者外出打工。而让子女辍学将对家庭产生长期的负面影响，妨碍子代人力资本的积累，从而影响子代的收入获取能力，可能使家庭长期处于贫困状况。另外，家庭健康风险应对策略的采取方式及次序主要取决于家庭资源及家庭的社会网络关系。如家庭富裕的首选策略是动用现金或储蓄，且不会对其消费产生很大影响；社会网络广泛的家庭能够获得更多的借贷来暂时平衡收支，因此影响也仅仅是暂时的。但是对于大多数农户来说，特别是

表3－2　健康风险应对策略的机会成本

应对策略	短期或长期内的可能影响
出售生产性资产（如土地、牲畜等）	丧失谋生之道，贫困
出售生活性资产	将来更大的脆弱性
提前出院或转诊	增加发病率或死亡率
减少食物支出	营养不足，更容易生病
减少必要的投资（健康、教育投资、农业投入等）	将来的健康危害，未来的收入能力下降，未来作物产量减少
子女辍学外出打工	子女未来收入能力的下降，长期贫困
亲友借贷	偿还债务——影响今后的消费和投资，贫困

刚刚脱离贫困，仍然处于贫困线边缘的家庭，为应付大额的医疗费用支出，没有足够的资金，而社会资本的缺乏也限制了借款的来源，迫不得已只能采取减少消费、变卖家产、让子女辍学等策略，而这些策略反过来会使农户陷入贫困的境地。因此非正式的应对策略的实际效果具有不确定性，但相对来说，社会网络内的风险统筹机制几乎没有负面影响，因此，本书重点分析社会网络内的风险统筹机制。

综上，健康经济风险、应对策略（特别是非正式的应对策略）及贫困三者的关系是错综复杂的，本书主要沿两条主线展开：一是分析健康风险冲击对家庭贫困的影响，包括家庭的贫困动态变化，即因病致贫的作用过程；二是探究正式的和非正式的应对策略是否能够起到风险分担的实际效果，缓解我国农村的因病致贫。

第二节　疾病对贫困的作用机制

一、可持续生计框架

可持续生计框架是英国国际发展机构（The UK's Department for International Development，DFID）于2000年提出的，该模型揭示了风险性环境、生计资产、生计策略以及生计结果之间多重性的互动作用关系。它假定农户处于脆弱性环境中，可以通过各生计资产及其组合来应对冲击，并影响农户的生计策略，以期获得有益的生计结果，满足农户的生计目标，而生计结果又反过来影响农户的生计资本。该框架阐明了农户在面临风险时，如何综合运用资产组合应对风险以达到安全生计的逻辑思路，见图3－2。

二、基于可持续生计框架的解释

疾病与贫困往往是相伴而生的，“因病致贫”、“因贫致病”形象地描述了疾病与贫困错综复杂、相互影响的作用过程，见图3－3。因此对两者关系的认识是后续实证分析的理论起点。在此，借鉴可持续生计框架的思想分析健康冲击对贫困的影响，即因病致贫的作用过程，并同时分析因贫致病的作用过程。疾病对应生计框架中的风险性环境，而贫困对应生计结果。

1. 因病致贫的作用路径

“因病致贫”指因为疾病或健康不良使家庭收入减少或收入能力下降，从而陷入贫困。

生计资本
脆弱性内容
冲击
趋势
季节性
H
S
N
P
F
影响
响应
结构和过程转变
结构
政府管理水平
私人财产
过程
法律
政策
文化
制度
生计
战略
目标
生计输出
生活水平提高
脆弱性降低
食物安全增加
资源利用优化

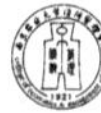

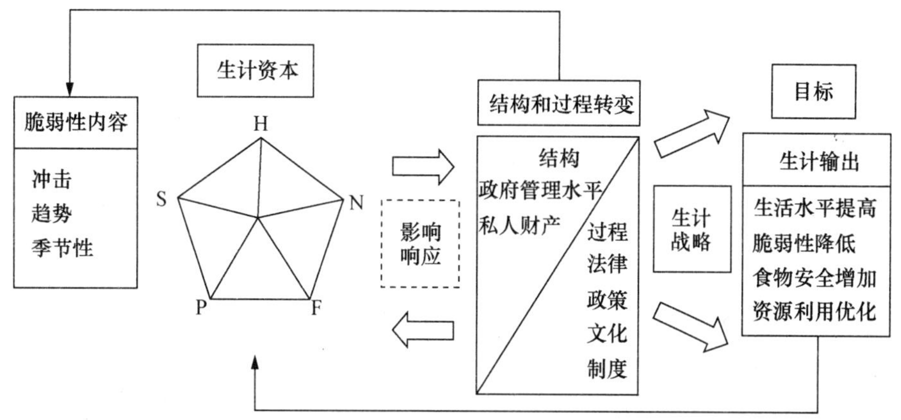

注：H：人力资本；N：自然资产；F：金融资本；P：物化资本；S：社会资本

图 3-2 可持续生计框架

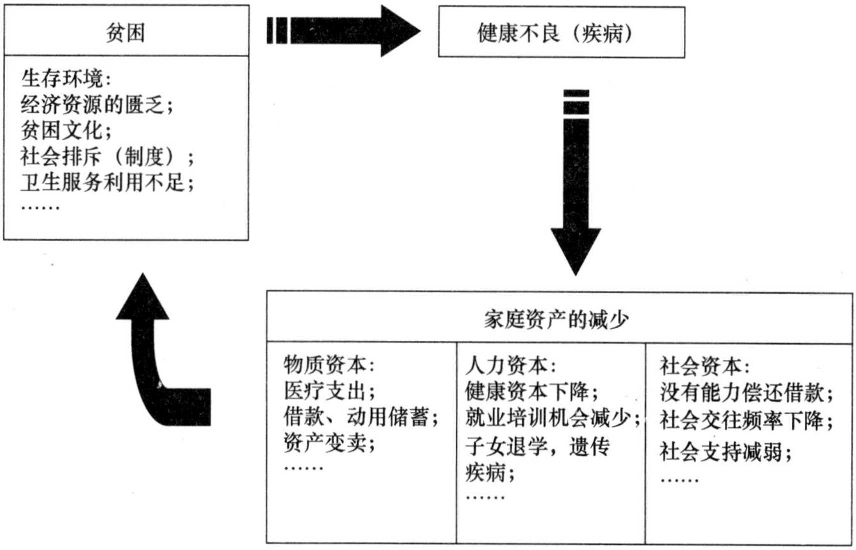

贫困
生存环境：
经济资源的匮乏；
贫困文化；
社会排斥（制度）；
卫生服务利用不足；
……
健康不良（疾病）
家庭资产的减少
物质资本：
医疗支出；
借款、动用储蓄；
资产变卖；
……
人力资本：
健康资本下降；
就业培训机会减少；
子女退学，遗传疾病；
……
社会资本：
没有能力偿还借款；
社会交往频率下降；
社会支持减弱；
……

图 3-3 疾病与贫困的循环关系

与贫困相关的资本包括自然资本、物质资本、人力资本、社会资本等，它们之间并不是孤立的，在多数情况下，不同类型的资本之间会发生传导和相互作用。因此，健康人力资本会对其他形式资本产生影响，从而影响最终的福利效果。

（1）物质资本。由于医疗保障制度的缺失，目前我国农村地区绝大多数家庭主要依靠自费医疗。因此疾病对家庭的影响，最先体现在患病者治疗花费的损失，包括直接的医疗支出，如门诊费、住院费、检查费、医药费，以及其他的相关费用，如交通费、营养费、康复保健用品等。同时，疾病也会间接地影响家庭的收入水平，具体体现在：①患者及家庭照顾者因劳动时间的损失而带来的收入减少；②患病者因工作能力的降低而引起的经济损失。

对家庭其他物质资产的影响。首先，家庭在健康方面的大病医疗费用会挤占其他生产性物质资本的投资。其次，当家庭现金资产不足以支付高昂的医疗费用时，家庭会采取动用储蓄、借款、出卖家畜、农具、耐用消费品等生产性与非生产性资产来应对疾病风险。这些措施将影响家庭的长期创收能力，使家庭陷入长期贫困的境地。

（2）人力资本。对患者来说，疾病本身意味着健康资本的降低，同时健康状况的下降势必影响其获得教育或培训的机会。而且某些疾病可能发生代际遗传，使子代的初始健康资本就落后于人，进一步加重家庭的医疗负担。另外农户由于财富和收入水平较低，自身的抗风险能力较弱，一旦家庭成员遭受健康冲击，在没有保险进行补偿的情况下，将降低家庭整体的生活水平，部分家庭有可能连最基本的生活保障都不能得到满足，从而对家庭的人力投资决策行为产生深远的影响。如，减少家庭成员的教育投资，要求子女退学，过早地进入劳动力市场；调整家庭的消费结构，减少健康方面投资。这些由于疾病带来的患者本身以及家庭其他成员人力资本的减少可能在长期对家庭的收入水平产生不利影响。

（3）社会资本。在传统社会里，农民在其生活的社区中很难形成正规的健康风险分担机制，更多地依赖非正式的风险分担机制，依靠亲缘、邻里及社区内的互助网络转移风险。但是这种互助网络往往讲求“互惠性”，对于长期遭受健康冲击的家庭，如果总是接受，而不给予，久而久之，将逐渐被边缘化，关系网络规模变小，交往频率下降，社会支持减弱，社会资本严重不足。

2. 因贫致病的作用路径

“因贫致病”指由于贫困而引致的健康状况的恶化。首先，贫困意味着收入和财富的匮乏，贫困群体缺乏获取基本生活要素的能力，营养不良及饮食的不均衡直接影响人们的身体健康。而且贫困人口相对集中于偏远地区，地形恶劣、交通不便、基础设施落后的自然环境增加了患病的风险。贫困人口没有足够的住房，没有卫生的厕所，大多从事缺乏保护的体力工作，工作环境恶劣，更容易患上职业病及其他疾病。其次，贫困人口属于边缘群体，在经济、政治、社会文化领域都受到社会排斥，不得不承受巨大的心理压力，进而产生孤独、失落、压抑等心理病态，而过重的心理压力会影响机体功能，免疫能力下降，最终引发疾

病。特别是我国“二元结构”社会使得农村居民被排斥于福利保障制度之外，农户健康保障制度缺失，基本医疗卫生服务需要不能得到满足，导致健康水平低下。再次，按照贫困文化论，穷人会形成固有行为规范和价值观念，而由于地域的闭塞，难以获得需要的信息，其行为规范和价值观念往往是不正确的，甚至是落后的。比如由于受教育程度和文化知识水平的限制，贫困人口缺乏卫生知识，养成了不良的饮食卫生习惯，不懂得如何选择健康行为和主动预防疾病，或采用愚昧的方法来应对疾病。在封闭的状态下，这些文化体系被不断地重复复制着，并不断滋生各种疾病。最后，贫困人口医疗服务利用水平低下，健康投资明显不足，导致“小病拖成大病，大病拖成不治之症”。一方面，贫困人口收入水平低下，且增长缓慢，相反医疗价格不断攀升，而农村绝大部分靠自费医疗，支付能力的不足限制了对医疗服务的利用；另一方面，医疗卫生资源更多的集中于大中城市，偏远的贫困地区卫生设施落后、医疗服务的可及性相对不足，而且医疗人才短缺，医疗服务的质量明显不高，从而加剧了健康状况的恶化。

三、疾病对暂时贫困与长期贫困影响的进一步阐述

一方面，疾病直接影响农户基本的生活消费，同时影响劳动时间及劳动效率，由于医疗保障制度的缺失和不完善，其保护作用基本不存在。而且家庭及社会关系系统的支持也十分有限，当医疗负担超过家庭的承受能力时，该农户将陷入暂时贫困。另一方面，从可行能力的视角来看，健康是一种具有重要内在价值的人类最基本的可行能力。如果一个人不具备健康的条件，则其获得其他的可行能力在很大程度上将受到限制甚至摧毁，尤其是受教育的机会（包括自身和子女）。因此，健康的对立面——疾病意味着可行能力的剥夺，其造成的贫困不仅仅是收入贫困，更重要的是收入获取能力的缺失和排斥，并使得将收入转化为可行能力更加困难。因为病况严重的人，会需要更多的收入以便得到照顾和接受治疗，才能实现与健康的正常人相同的功能性活动，所以疾病产生的“真实贫困”可能比在收入空间表现出来的贫困更加严重，可能具有持久性，从而使家庭陷入长期贫困，见图3－4。

另外，由于贫困户在教育、健康、社会关系、政治权利、文化方面的制约和排斥，有限的受教育机会，有限的卫生保健设施，以及较差的卫生环境及不卫生的食物，再加上政治权利能力的缺失，导致营养不良、健康不佳及体能的下降，更加剧了疾病对短期贫困、长期贫困的影响过程。

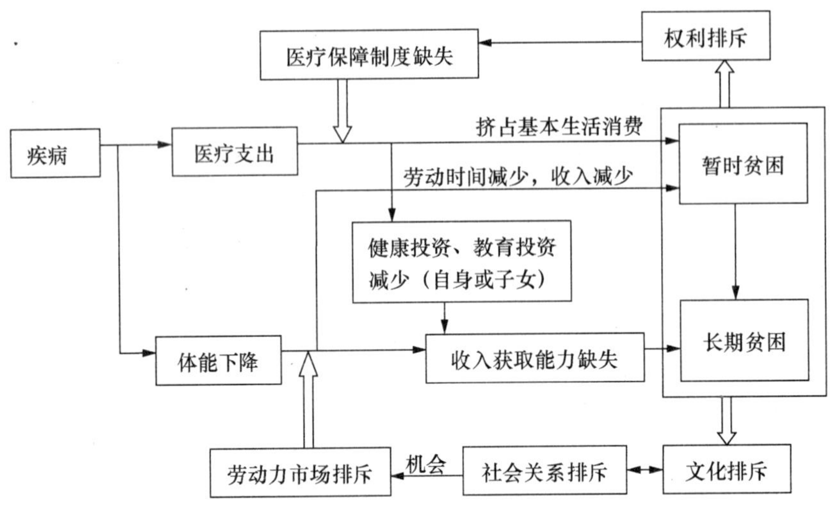

图 3 - 4　疾病对短期贫困、长期贫困的影响

第三节　新农合缓解因病致贫的作用机制

健康与贫困间的影响可以简单理解为，健康冲击将导致医疗支出的增加及人力资本投资的下降，进而影响收入获取能力，而贫困农户健康风险较高，医疗服务的可及性和可得性较差，从而影响健康水平，如此形成健康与贫困的恶性循环，其简单的作用过程如图 3 - 5 所示。如果切断这一恶性循环的某一链条，则对于缓解农村贫困具有重大的作用。新型农村合作医疗制度是以大病为统筹的互助共济制度，其总目标是：通过深化改革，健全农村卫生服务体系，完善服务功能，实行多种形式的农民医疗保障制度，解决农民基本医疗和预防保健问题，努力控制危害严重的传染病、地方病，使广大农村居民享受到与经济社会发展相适应的基本卫生保健服务，不断提高农民的健康水平和生活质量。因此，从理论上讲，新型农村合作医疗能够切断健康与贫困的恶性循环链条，其作用点在于补偿制度能够减轻农户的医疗负担，医疗服务的提供能够改变农村居民健康投资不足的现状。由于本书主要从健康经济风险的视角出发，分析健康冲击对贫困的影响，相应地，对新农合制度的分析侧重于该制度的补偿机制是否能够起到缓解因病致贫的效果，其作用效果有多大。

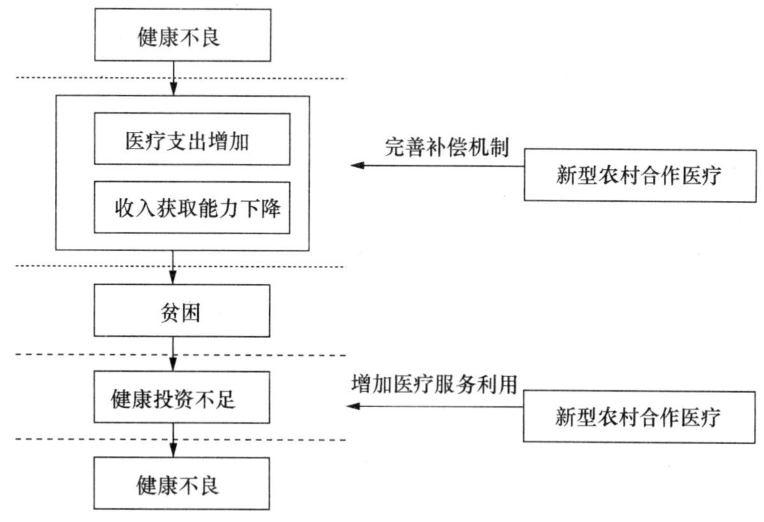

图 3－5 新农合制度的作用效果

注：虚线表示新型农村合作医疗制度切断健康、贫困恶性循环的作用。

由于健康冲击对贫困的影响体现在家庭支付医疗支出后陷入贫困或者贫困程度加深，可以采用贫困率及贫困距指标来反映。而新农合制度对缓解“因病致贫”的作用也主要通过对农户自费医疗支出的补偿来实现，同样表现为贫困率及贫困距的变化。图 3－6 描述了自费医疗支出以及新农合补偿对贫困率和贫困距的作用机制，该图是 Pen 队列图（Pen，1972）的变形。X 轴是按家庭人均收入排序的累积人群百分比，Y 轴是家庭医疗费用支付前后以及新农合补偿后的人均收入水平，与 X 轴平行的直线为贫困线。三条人均收入曲线与贫困的交点对应贫困发生率 H_0、H_1、H_2，分别表示医疗费用支付前、医疗费用支付后及新农合补偿后的贫困发生率，很明显，$H_1 > H_2 > H_0$，这表明通常情况下，医疗负担将增大贫困发生率，而新农合制度的补偿机制使得一部分因医疗负担而陷入贫困的摆脱贫困。但是贫困发生率仅仅表明贫困发生的广度，不能反映贫困家庭与贫困线之间的差距有多大，因此，需要进一步采用贫困距指标反映贫困深度。贫困差距在图中表现为贫困线之下和人均收入曲线之上的部分。A 区域表示医疗费用支付前的贫困差距，医疗支出发生后，贫困差距增大到 ABCDEF 区域之和，其中 BD 区域表示原来的贫困户贫困加深的程度，CEF 区域表示原来的非贫困人口陷入贫困后的贫困程度。进一步，当获得新农合的补偿后，贫困差距减小到 ABC 区域，其中，原来的贫困户贫困程度由 ABD 区域减小为 AB 区域，原来的非贫困户陷入贫困的贫困程度由 CEF 区域减小为 C 区域。通过上述分析，我们发现在通常情况下，新农合的补偿机制确实能够在一定程度上起到缓解因病致贫的作用。

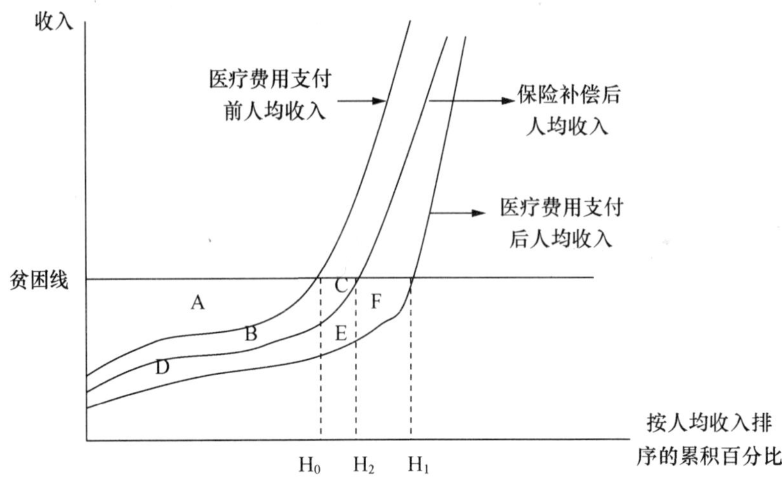

图3－6 新农合对贫困率和贫困距的影响机制

第四节 社会网络内风险统筹缓解因病致贫的作用机制

非正式的风险分担机制主要指除正式的健康保障制度之外对农户所遭受的健康经济风险进行分担的社会制度，一般包括户、扩大的家庭以及扩大的家庭以上三个层次，本书主要侧重后两个层次对缓解因病致贫的效果，而这两个层次的风险分担作用主要依托于社会关系网络。阿罗曾在非正式制度的论述中谈及社会网络的概念，并指出从社会网络建构的角度看，社会网络与非正式制度不谋而合。在一个以血缘、亲缘或地缘为纽带的社会关系网络内，通过成员的相互信息沟通、相互信任，收入相对高的人将提供一部分收入给受到风险冲击的、收入相对低的人，以实现风险的分担。因此非正式制度中的社会关系网络内的互助可以理解为是一种带有社会保障功能的制度安排，具有非正式的保险功能。较广的社会网络以及网络内成员的异质性越大，意味着较大的风险分摊程度。

考虑社会关系网络如何通过一定的制度安排彼此分担风险，以实现帕累托有效风险配置，我们假定该社会关系网络内的信息流动足够充分，这样某个家庭的随机冲击就能迅速被其他成员所得知；并且网络内成员都具有利他主义倾向，愿意给予其他成员支持以帮助他们渡过难关。设 $i=1, 2, 3, \cdots, N$ 表示社会关系

网络内的不同家庭，某种自然状态 s 发生的概率为 π_s。在状态 s 下，每个家庭 i 的收入为 y_{is}，消费为 c_{is}，则特定状态 s 下的效用函数可以表示为 u_i（c_{is}），该函数二次可微，$u'>0$，且 $u''<0$，表示总效用随消费量的增加而增加，但边际效用递减。假定每个家庭的效用函数是可分的，则家庭的总效用函数为：

$$U_i = \sum_{s=1}^{s} \pi_s u_i(c_{is}) \tag{3-1}$$

该社会关系网络内的总效用函数为每个家庭效用函数的加权和，为实现帕累托风险配置，可以通过最大化社会网络内的总效用来实现，即：

$$\text{Max} \sum_{i=1}^{N} \lambda_i U_i \tag{3-2}$$

其中，λ_i 为家庭 i 的权重，$0<\lambda_i<1$，$\sum \lambda_i = 1$。

每种状态下的约束条件为：

$$\sum_{i=1}^{N} c_{is} = \sum_{i=1}^{N} y_{is}, \forall s \tag{3-3}$$

$$c_{is} \geqslant 0, \forall i,s \tag{3-4}$$

式（3-3）表示资源约束，式（3-4）表示非负约束。则满足最大化的一阶条件为：

$$\frac{u'(c_{is})}{u'(c_{js})} = \frac{\lambda_j}{\lambda_i} \forall i,j,s \tag{3-5}$$

对于社会关系网络内的任何家庭，在任何自然状态下，式（3-5）均成立。社会关系网络内所有家庭的边际效用和消费水平同向移动。因此，在任何自然状态下，任何家庭的边际效用是社会关系网络内家庭平均边际效用的单调递增函数。这意味着任何家庭的消费是平均家庭消费的单调递增函数。在帕累托有效配置中，收入的一个暂时性变化能够得到完全的统筹，家庭消费不受到家庭收入冲击的影响。家庭所面临的唯一风险是社区的总风险。由于农户因遭遇健康冲击而造成的福利损失是某个家庭特有的，而不是某个团体共有的风险，因此可以在社会关系网络内得到分担。

第四章　我国农村因病致贫现状及医疗卫生状况

“致理之要，唯在于安民，安民之要，在察其疾苦而已。”[①] 改革开放以来，我国农村经济和社会发展取得了举世瞩目的进步，人民生活水平显著改善，农民人均收入由1978年的133.6元增加到2008年的4761元。经济的快速增长促进了我国农村卫生事业的迅猛发展，农民的健康水平得到了很大的提高，但是，农民“看病难、看病贵”的呼声仍旧很强烈。农民怕生病，尤其怕生大病，当前农民看病的态度基本是“小病挺，大病挨，不行才往医院抬”。而医院昂贵的治疗费用，是一般农民难以承受的天文数字，“因病致贫”、“因病返贫”的现象比比皆是，已成为农村社会均衡发展和构建和谐社会的一大隐患。健康是人民的基本权益、根本福祉。因此如何让农民看得起病、有地方看病已经成为当务之急。本章的主要目的是从宏观角度展现农民医疗负担沉重、医疗服务利用率低以及因病致贫的现状，并分析背后的原因，从而为后面章节的实证分析奠定研究基础。

第一节　我国农村的扶贫成就及挑战

自1978年改革开放以来，我国经济发生了翻天覆地的变化。在短短的30多年的时间里，中国由贫穷的低收入国家转变为成功的中等收入国家，取得了举世瞩目的成就，见图4－1。

持续快速的发展极大地改善了人民的生活水平。按照我国的官方贫困标准计算（见图4－1），我国农村的贫困率（人口数量比例）从1978年的30.7%下降到了2007年的1.6%，农村贫困人口的数量从2.5亿人下降到1479万人。

---

① （明）张居正．请蠲积逋以安民生疏．

1978～2007年，经济发展使得2.35亿中国人摆脱了贫困。2008年我国贫困标准提高到1067元，故2008年、2009年的贫困人口和贫困发生率有所提高，但这掩盖不了我国自改革开放以来取得的显著扶贫成就。

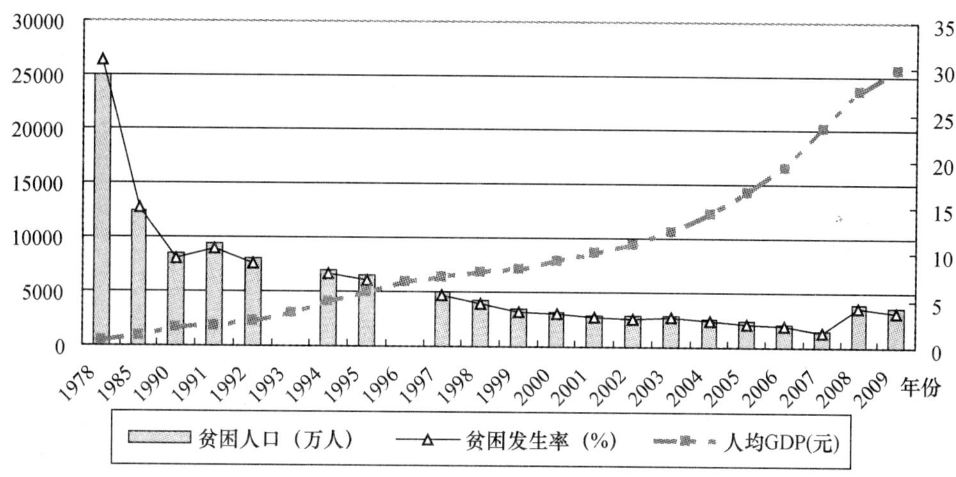

图4－1　1978～2009年中国农村贫困的演变

注：2007年及以前是按农村绝对贫困标准测算的绝对贫困状况。2008年农村贫困人口数据根据新修订的农村贫困标准统计，新贫困标准将原低收入人口纳入贫困人口统计，因此2008年以后数据与历史数据不可比。

资料来源：《中国农村住户调查年鉴2010》，《中国统计年鉴2010》。

然而，自1978年以来的30多年间，贫困发生率的下降过程是不平衡的。无论是从贫困发生率还是从贫困人口的数量来看，在1978～1985年、1996～1999年，贫困的减少最为迅速。2000年之后贫困发生率只是略有减少，减贫速度趋缓，1991年、2003年的贫困人口相对于前一年甚至还有所增加。

尽管我国的扶贫成就巨大，但扶贫重任在许多方面尚未完成，甚至在某些方面将变得更加艰巨。首先，相比于国际上平均每人每天1.25美元的新贫困标准，我国目前的贫困标准仍被认为过低。即使按照我国现行的扶贫标准，还有几千万贫困人口。而按照国际上划定和计算贫困人口数量的标准，中国的贫困人口数量更大。由于中国庞大的人口基数，按照国际标准计算得出的中国消费贫困人口数在国际上仍排第二名，仅次于印度①。其次，易受收入变化波动影响的贫困脆弱性人口还比较普遍。尤其是在我国农村地区，在给定年份，容易陷入贫困风险的

① 世界银行．中国贫困和不平等问题评估，2009（3）．

脆弱人群的数量比贫困人口数量要高一倍①。对于持续性贫困人口而言，风险的存在更会加剧他们的贫困程度。最后，随着贫困率的下降，地理上的分散将导致消除剩余贫困人口变得更加困难。

第二节 居民的健康状况及面临的挑战

一、健康水平

通过我国居民的健康水平来看，人们也许会认为中国的医疗卫生事业同经济发展以及减贫一样取得了巨大的成功。当然，我国的医疗卫生事业确实曾经成绩显著，这可以从儿童死亡率指标得到反映。如，婴儿死亡率由 1970 年的 83‰下降到 1980 年的 46‰，年均降幅为 4.46%，见表 4－1；5 岁以下儿童死亡率由 1970 年的每千名活产儿 117 例降至 1980 年的 59 例，年均降幅为 4.96%，见表 4－2。当时中国的发展速度十分缓慢，因此这样骄人的成绩并不是得益于经济发展，而主要归功于 20 世纪 50 年代广大的基层医疗工作者。"赤脚医生"提供基本干预，大大降低了死亡率。基本医疗工作者在每个贫困的农村地区挨家挨户走访，改善了卫生状况、疾病预防水平以及计划生育工作，大大改进了人们的健康状况。20 世纪 70 年代，我国婴儿死亡率以及 5 岁以下儿童死亡率的下降速度超过了相邻的印度尼西亚、马来西亚、越南、老挝、泰国、印度等国家，见图 4－2、图 4－3，也超过了人们当时对中国这样一个人均收入低、经济增长缓慢的国家的预期。我国健康指标的相对优势是当时几乎人人享有预防和其他基本卫生服务的结果。在 20 世纪 50～70 年代，医疗服务的费用几乎由政府承担，中国在提高健康公平方面的成就为世界所公认，被称为"成功的卫生革命"。

1979 年以后的改革将中国经济带入持续高速增长的时期，但是，人们的健康改善却不再让世人瞩目。在 20 世纪八九十年代，虽然从绝对数来看，婴儿死亡率以及 5 岁以下儿童死亡率继续呈现下降的趋势，但是，降低儿童死亡率的速度却相对缓慢，下降速度已不及印度尼西亚、马来西亚、泰国等国家。当时，泰国及马来西亚与我国情况差不多，儿童死亡率已经很低了，但下降速度却高于中国。实际上，从 80 年代开始，中国就从"优等生"（20 世纪六七十年代的较高的

① 世界银行．中国贫困和不平等问题评估，2009（3）．

下降速度）变成了“差等生”。与预期相比，中国在改善人们健康水平方面的表现变得差强人意。

表4-1　婴儿死亡率的国际比较　　单位:‰

年份	中国	印度	印度尼西亚	老挝	马来西亚	泰国	越南
1970	83	126	103	141	41	71	—
1980	46	103	78	127	26	46	45
1990	37	84	56	108	16	27	39
2000	30	68	40	64	9	17	24
2005	22	57	34	53	7	14	21
2007	19	54	32	49	6	13	20
2008	18	52	31	48	6	13	20
2009	17	50	30	46	6	12	20

资料来源：联合国监督各国实现千年发展目标采用的联合国儿童基金会的资料，www. childinfo. org。

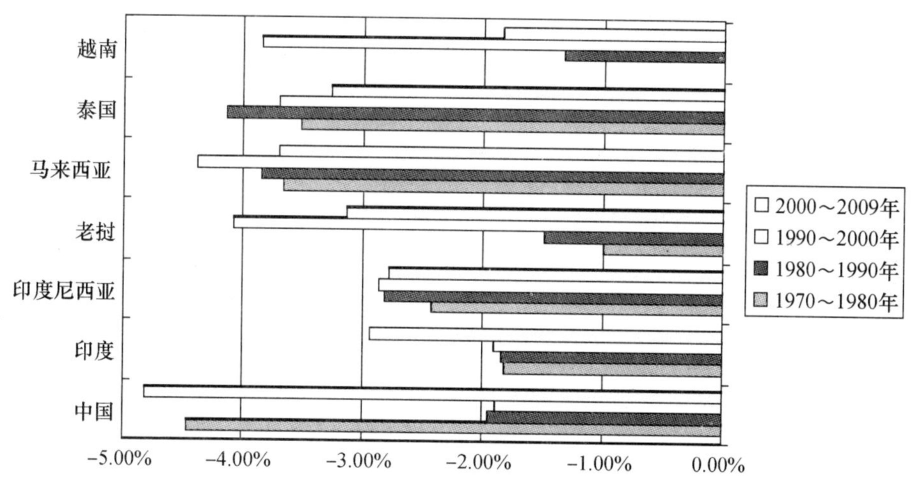

图4-2　婴儿死亡率的年均变化

资料来源：联合国监督各国实现千年发展目标采用的联合国儿童基金会的资料，www. childinfo. org。

表4-2　5岁以下儿童死亡率的国际比较　　单位:‰

年份	中国	印度	印度尼西亚	老挝	马来西亚	泰国	越南
1970	117	186	170	211	52	98	—
1980	59	149	124	188	31	60	65

续表

年份	中国	印度	印度尼西亚	老挝	马来西亚	泰国	越南
1990	46	118	86	157	18	32	55
2000	36	93	56	86	10	20	29
2005	25	77	46	70	8	16	26
2007	22	71	42	64	7	15	25
2008	21	68	41	61	6	14	24
2009	19	66	39	59	6	14	24

资料来源：联合国监督各国实现千年发展目标采用的联合国儿童基金会的资料，www. childinfo. org。

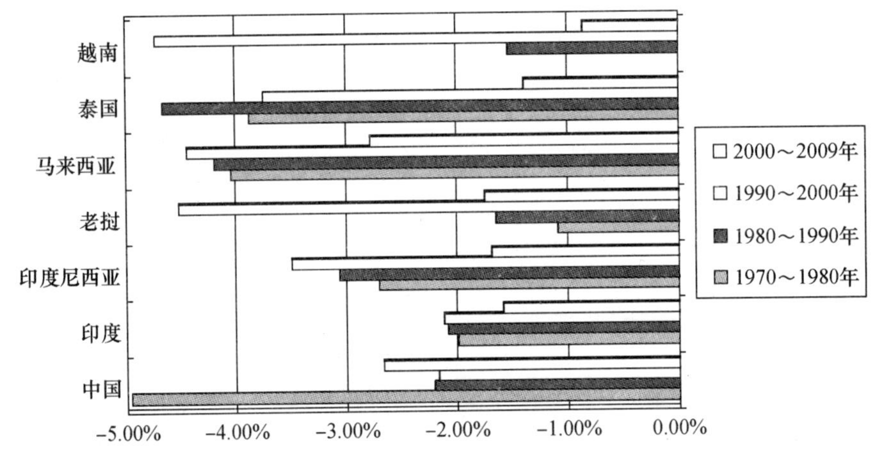

图4-3　5岁以下儿童死亡率年均变化

虽然较过去的步伐有所放慢，但2000～2009年我国人口的健康结果仍然不断改善。到2009年，我国婴儿及5岁以下儿童的死亡率分别下降到了17‰和19‰，这些指标可以和中等收入国家相媲美。

我国卫生事业面临的一个严峻挑战就是来自健康结果的不平等，这种状况自20世纪80年代以来就变得更糟了。图4-4、图4-5中显示了城乡婴儿死亡率以及5岁以下儿童死亡率方面存在的差距。非常明显，不管是婴儿死亡率还是5岁以下儿童死亡率，农村监测地区的状况都逊于城市监测地区。在1991年，农村地区的婴儿死亡率和5岁以下儿童死亡率分别是城市地区的3.35倍和3.40倍；虽然两者的差距在不断减小，但从图中趋势来看，2005年农村监测地区的婴儿死亡率及5岁以下儿童死亡率的下降趋势极其缓慢。因此，直至2009年，城乡之间的婴儿死亡率和5岁以下儿童死亡率的差距仍然达到2.74倍和2.77倍。

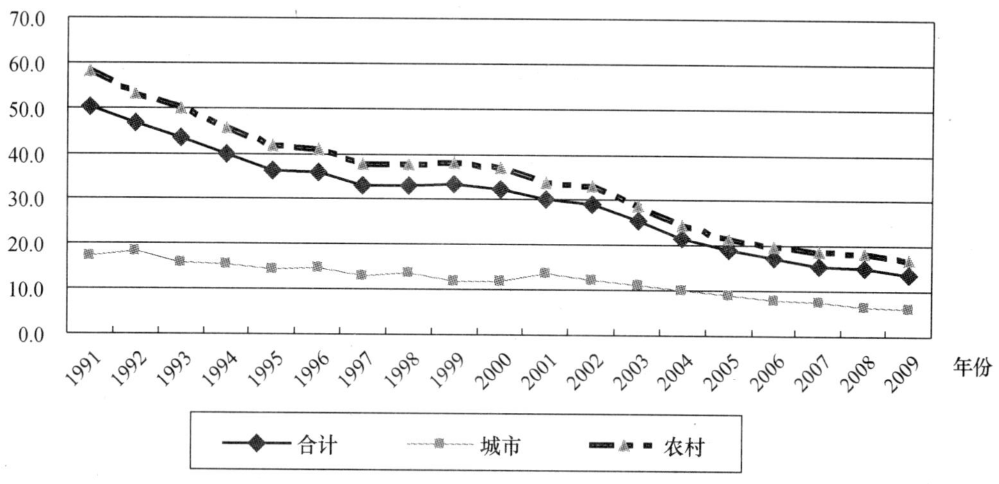

图 4－4 1991～2009 年我国监测地区婴儿死亡率的城乡差距

资料来源：《2010 年中国卫生统计年鉴》。

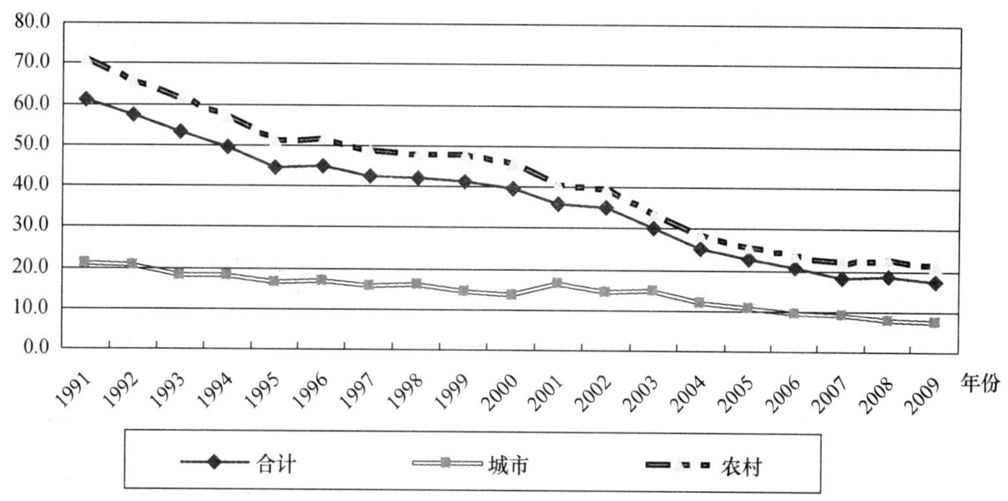

图 4－5 1991～2009 年我国监测地区 5 岁以下儿童死亡率的城乡差距

资料来源：《2010 年中国卫生统计年鉴》。

二、健康问题

疾病负担的演化对于经济发展存在长期的影响，由于患病或长期丧失劳动能力而不能工作将首先影响劳动生产率，继而对经济的发展产生负面效应。如同许多转型国家一样，我国目前面临双重疾病负担。在低收入国家中，可预防性传染疾病通常是造成死亡的主要病因；此外，在社会经济及人口转型的驱动下，高收入国家常见的慢性非传染性疾病越来越流行。表4－3列出了我国农村地区1990～2009年疾病死亡率排名前五的疾病名称，从中可以看出，在我国农村地区，呼吸系统疾病、恶性肿瘤、脑血管病、心脏病以及损伤和中毒是疾病死亡率最高的五个病种，同时也可以看出我国农村居民面临传染性疾病以及非传染性疾病的双重威胁。

表4－3　1990～2009年我国农村地区疾病死亡率排名前五的疾病名称　单位:‰

年份	1990		1995		2000		2005		2009	
	粗死亡率	位次	粗死亡率	位次	粗死亡率	位次	粗死亡率	位次	粗死亡率	位次
呼吸系病	159.67	1	169.38	1	142.16	1	123.79	1	98.16	4
恶性肿瘤	112.36	2	111.43	2	112.5	3	105.99	3	159.15	1
脑血管病	103.93	3	108.05	3	115.2	2	111.74	2	152.09	2
心脏病	69.60	4	61.98	5	73.43	4	62.13	4	112.89	3
损伤和中毒	68.48	5	72.71	4	64.89	5	44.71	5	54.11	5

资料来源：《2006年中国卫生统计年鉴》、《2010年中国卫生统计年鉴》。

根据国家卫生部四次卫生服务调查，我国农村居民1993年的两周患病率为128.2‰（见表4－4），之后三轮调查逐次上升，到2008年升至176.7‰。表中数据还显示，农村地区经济发展水平的高低与两周患病率并没有统一的规律。在2008年，三类农村地区的两周患病率最高，其次是一类农村地区和二类农村地区，四类农村地区的患病率最低。从两周患病的严重程度来看（见表4－5），在2008年，每千人的患病天数、卧床天数较2003年有所提升，但休工天数却下降幅度明显。农村居民健康水平的下降与其面临的不断变化的健康风险是紧密相关的。目前，在我国农村地区，特别是不发达的农村地区，人们面临的主要健康威胁包括不安全的饮用水、营养不良、维生素和矿物质的匮乏、室内污染等，虽然这些方面已经取得了长足的进步，但卫生状况改善的空间仍然很大。另外，工业化和城市化进程中造成的空气和水污染、工作场所的风险、吸烟与被动吸烟等新的健康威胁也表现得日益突出。

表4－4　我国农村地区两周患病率　单位:‰

年份	合计	一类农村	二类农村	三类农村	四类农村
1993	128.2	124.4	138.1	122.0	127.1
1998	137.1	132.5	133.0	153.8	114.7

续表

年份	合计	一类农村	二类农村	三类农村	四类农村
2003	139.5	128.0	132.6	160.1	123.6
2008	176.7	188.6	166.7	189.8	149.6

注：一类农村指富裕农村，二类农村指小康农村，三类农村指温饱农村，四类农村指贫困农村，以下同。
资料来源：1993 年、1998 年、2003 年及 2008 年国家卫生服务调查。

表 4-5　我国农村居民两周患病严重程度

年份	小计	一类农村	二类农村	三类农村	四类农村
每千人患病天数					
1993	1162	941	1082	964	921
1998	1125	1052	1081	1293	947
2003	1043	941	995	1200	936
2008	1428	1652	1280	1488	1256
每千人休工天数					
1993	196	224	250	307	252
1998	347	267	331	404	375
2003	218	194	192	235	265
2008	97	108	71	123	76
每千人卧床天数					
1993	105	120	126	114	142
1998	119	110	116	115	147
2003	169	154	150	184	195
2008	193	189	193	216	146

资料来源：1993 年、1998 年、2003 年及 2008 年国家卫生服务调查。

第三节　农村居民的医疗负担及因病致贫状况

为什么我国在改善人民健康方面的进展缓慢，而同时健康结果的城乡不平等却如此突出？一种解释可能是需要医疗服务的人没有在需要的时候得到服务，即医疗服务的经济可及性差。对于农村居民表现得更加突出。而前面的分析显示，人民面临双重的健康威胁，两周患病率及患病严重程度也表明农村居民的健康风险不断加大。既然如此，为什么本需要医疗服务的人却不使用该服务？因为人们在决定是否就医时，无疑会受到许多因素的影响，但其中一个因素尤为重要——费用，而我国旧的医疗体制的解体，加上新体制未能及时建立，使得我国绝大多数农村居民处于自费医疗状态。

一、医疗服务经济可及性低

医疗服务的经济可及性低，实际上就是人们常说的“看病贵”问题。从患者角度看，当个人支付的医疗卫生费用增长过快，超过居民的承受能力时，就会降低居民对医疗卫生服务的实际利用，进而影响居民为改善生活水平的其他方面支出。

对于农民而言，看病往往不是根据病情看病，而更多的根据经济承受能力看病，即“有多少钱，看多少病”，当身体不适时，会存在侥幸心理，认为没什么问题，过段时间会自然好的，但往往小病拖成大病。而当面对高昂的医疗费用，农民只能被动地接受现实，哀叹生活的艰辛，由此出现了“小病拖、大病扛、重病等着见阎王”的现象。

表4－6显示，1993年和1998年农村居民两周患病未就诊比例①基本没什么变化，2003年达到最大，为45.8%，2008年出现下降，但仍然维持在较高的水平。不同地区的两周患病未就诊比例没有明显的规律。对于应住院未住院比例，呈现下降的趋势，但是该比例仍较高，2008年高达24.7%。总体上看，经济不发达农村（三类、四类农村）的应住院而未住院比例相对高于经济发达农村（一类、二类农村）。

表4－6　农村地区两周患病未就诊及应住院而未住院比例　　单位：%

年份	未就诊比例					应住院而未住院比例				
	合计	一类农村	二类农村	三类农村	四类农村	合计	一类农村	二类农村	三类农村	四类农村
1993	33.7	33.3	33.7	32.5	36.8	40.6	29.4	38.8	46.4	47.8
1998	33.2	32.5	32.2	34.6	32.4	34.5	29.6	36.6	32.7	40.3
2003	45.8	49.8	43.0	46.7	43.0	30.3	23.2	27.1	35.8	31.2
2008	37.8	42.2	35.4	35.6	40.8	24.7	23.4	24.2	27.5	20.6

资料来源：《2008中国卫生服务调查研究：第四次家庭健康询问调查分析报告》。

① 两周患病未就诊比例指两周患病者中未去医疗机构就诊的例数与两周患病总例数的比，用百分数表示。

分析两周患病未治疗和应住院未住院的原因，总的来说，农村地区自感病轻和经济困难是患者未治疗的主要原因，农村地区由于经济困难而未治疗的比例1993年为19.92%，2003年和2008年分别增至38.6%和30.6%。在农村应住院而未住院者中，各个年份的数据均显示经济原因是未住院的最主要原因，1993年有58.8%的人是出于经济困难而未住院，1998年，这个比率增加到65.25%，2003年和2008年更是达到了70%以上，且随着农村地区的贫困程度而呈上升的趋势。这些数据表明贫困已经严重影响到我国农村居民医疗服务的利用，进一步影响到他们的健康水平。

二、沉重的医疗负担

从图4-6可以看出，自20世纪80年代中期以来，农村居民人均医疗保健支出一直保持上升的态势，人均医疗保健支出占人均生活消费支出和人均纯收入的比例也持续攀升，尤其是占消费性支出的百分比在2004年以后更是快速增长，这表明农民的实际医疗负担越来越重。

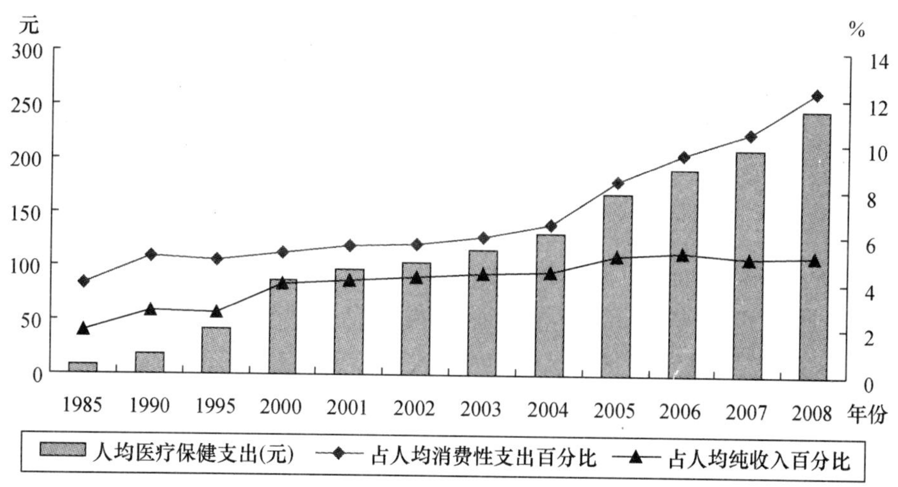

图4-6 农村居民人均家庭医疗保健支出情况

资料来源：历年中国统计年鉴。

根据四次国家卫生服务调查结果，见表4-7，从增长率来看，1993~1998年以及1998~2003年，门诊费用和住院费用上涨速度明显，但是2003~2008年，两者的上涨速度均有十分显著的缓解。扣除物价上涨因素外，最近5年次均门诊的年平均增长为3.29%，明显低于上一个5年的15.28%。平均住院费用的年均增长率也下降为3.15%。但是不管是次均门诊费用还是住院费用，绝对数量上仍旧是不断上升的。1993 年，农村地区次均门诊费用和平均住院费用分别为 22 元和 541 元，到 2008 年上涨到 128 元和 3685 元，15 年增长了 4.8 倍和 5.8 倍，甚至超过了农村居民人均收入的增长速度①，医药费成为农村居民沉重的经济负担。

表 4－7　农村居民医疗费用及其变化

年份	合计	一类农村	二类农村	三类农村	四类农村
次均门诊费用（元）					
1993	22	33	19	19	19
1998	45	56	45	39	40
2003	91	121	77	84	99
2008	128	180	123	110	117
调查年间的年均增长（%）					
1993～1998	4.94	1.18	8.06	4.78	5.64
1998～2003	15.28	16.47	11.38	16.72	19.92
2003～2008	3.29	4.62	5.92	1.85	－0.32
平均住院费用（元）					
1993	541	629	581	521	356
1998	1532	1885	1574	1460	1013
2003	2649	3439	2852	2303	1868
2008	3685	5770	3482	3207	2309
调查年间的年均增长（%）					
1993～1998	12.02	13.30	11.03	11.79	12.13
1998～2003	11.56	12.76	12.61	9.53	13.00
2003～2008	3.15	7.09	0.49	3.17	0.74

资料来源：《2008 中国卫生服务调查研究：第四次家庭健康询问调查分析报告》。

对低收入农户来说，医疗费用带来的负担更为沉重。随着收入差距的增大，不同收入水平的农户在医疗保健支出上的差距也逐渐加大，农村内部的健康不平等也日渐显现。表 4－8 数据显示，根据 1993 年、1998 年、2003 年三次国家卫生服务调查，农村地区各收入组的卫生费用支出均有所增加，1993～1998 年，增

① 1993 年和 2008 年农村居民人均纯收入分别为 921.6 元和 4761 元。

长速度并不高，年均增长速度低于人均收入的增长速度，而1998～2003年，医疗费用支出增长幅度呈现“两头高，中间低”的特点，即低收入和高收入组医疗费用增长的幅度相对较大，超过13%，中等收入组增长幅度相对较低（8.45%），这说明医疗卫生费用支出对低收入组农户的影响增大。

另外，通过对比分析不同收入农户人均收入和医疗卫生费用支出，我们还发现，收入水平越高，卫生费用支出占农民人均纯收入的比重越低。这进一步验证了低收入水平农户的医疗负担尤其沉重。

表4－8　农村地区不同收入农户人均收入和卫生费用支出

年份	人均年收入					卫生费用支出				
	低	中低	中等	中高	高	低	中低	中等	中高	高
1993	223	386	546	767	1596	44	52	55	64	80
1998	359	615	854	1196	2378	48	56	67	80	118
2003	333	614	885	1288	2839	89	92	101	133	220
1993～1998年均增长（%）	10.01	9.78	9.37	9.28	8.30	1.56	1.14	4.14	4.44	8.19
1998～2003年均增长（%）	－1.53	－0.04	0.71	1.50	3.61	13.04	10.72	8.45	10.90	13.14

资料来源：《中国卫生服务调查研究：第三次国家卫生服务调查分析报告》。

三、因病致贫状况

在缺乏医疗保障的情况下，农民实际医疗负担的加重严重影响了农民的脱贫致富，出现了大量的“因病致贫，因贫致病”问题。据国家卫生服务调查显示，在农村调查户中，疾病或损失是致贫的重要原因之一。1998年，因病致贫率为23.1%，2003年上升到33.4%，2008年继续攀升，达到37.8%①，这充分说明，目前在农村疾病已经成为农户面临的重大风险，“看病贵，看不起病”问题日益突出。特别是对于初步解决温饱问题的贫困人口，由于所掌握的生产资料以及生活状况还没有从根本上得到改善，因此抵御疾病风险的能力更加脆弱，疾病冲击的影响尤为严重。据卫生部门提供的资料，在一些贫困农村，农民因病致贫、因病返贫情况尤为突出。如，河南省农村贫困户中因病致贫、返贫的比例为40%，云南和陕西高达50%，青海、甘肃等西部地区也很高。

① 资料来源：《中国卫生服务调查研究：第三次国家卫生服务调查分析报告》以及《2008中国卫生服务调查研究：第四次家庭健康询问调查分析报告》。

第四节　农村居民因病致贫现象的解释

从上述现状分析中我们看到，一方面农村居民对医疗服务的有效利用率偏低，因贫困而看不起病；另一方面沉重的医疗负担加剧了家庭的经济压力，导致刚刚富裕起来的家庭陷入贫困，或者使得本来处于贫困状态的家庭境况更糟糕，因病而致贫，因病而返贫。两者的交互作用使很多农户陷入了“贫困→疾病→贫困”的恶性循环，阻碍了农村经济社会的进一步发展。

以下我们主要从宏观视角探讨产生上述现象的原因。

一、农村居民的收入偏低

我国是个农业大国，改革开放以来，农村的经济社会都取得了快速发展，但是与城市相比，农村的经济仍相对落后，农民的收入水平仍然偏低。1978 年，我国农村居民的家庭人均纯收入为 133.6 元，城镇居民的人均可支配收入为 343.4 元，两者差距 209.8 元，差距比为 1∶2.57，到 2007 年，两者差距比为 1∶3.33，且仍没有任何迹象表明两者差距有缩小的趋势，两者差距反而越来越大，见图 4－7。过大的收入差距带来了较大的消费差距，从生活水平上看，农村

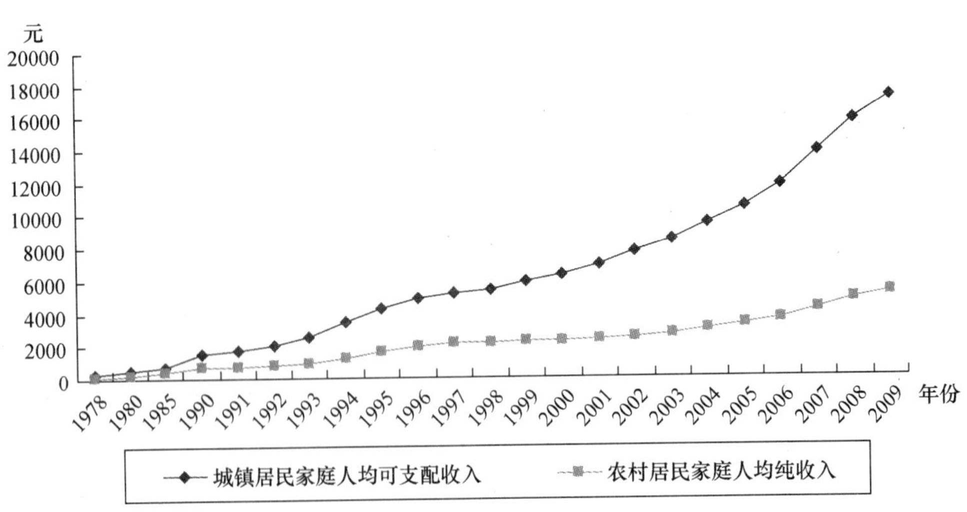

图 4－7　城镇与农村居民的人均收入情况

资料来源：《2008 年中国统计年鉴》。

居民的收入水平、消费水平要落后城市10余年。另外，虽然我国农村反贫工作取得了很大进展，贫困发生率不断下降，但是到2007年，农村贫困人口仍有1479万人，低收入人口2841万人。由此可见，农村经济仍相对落后，农民收入水平偏低，这直接导致其医疗支付能力不足，加大了贫困脆弱性。特别是对于刚刚越过温饱线的低收入家庭来说，其物质资本一般仅能维持基本的再生产，遇到大病冲击时，往往难以应对而不得不返贫。

二、政府卫生投入偏低

在卫生领域，为了引导卫生资源在社会成员间的公平分配，政府需要采用财政手段，提供具有外部性或公共物品性质的卫生服务。改革开放后，我国政府在医疗卫生领域的投入总量虽不断上升（见图4－8），但政府卫生支出占财政总支出的比重在1995年之后一直呈现下降的趋势，尽管我国政府在1997年曾规定“中央和地方政府对卫生事业的投入，要随着经济的发展逐年增加，增加幅度不低于财政支出的增长幅度”①。但从数据上看，政府卫生支出占财政支出的比例在1997年以后的数年间仍快速下滑，直到2003年才出现相反的趋势。而2003年是一个特殊的年份，面对突如其来的SARS危机，政府加大了卫生投入，使当年政府预算内卫生支出占财政支出的比重大幅度提升，但之后的年份并没有保持这种大幅上升的趋势，相反2006年又出现了下降的态势。

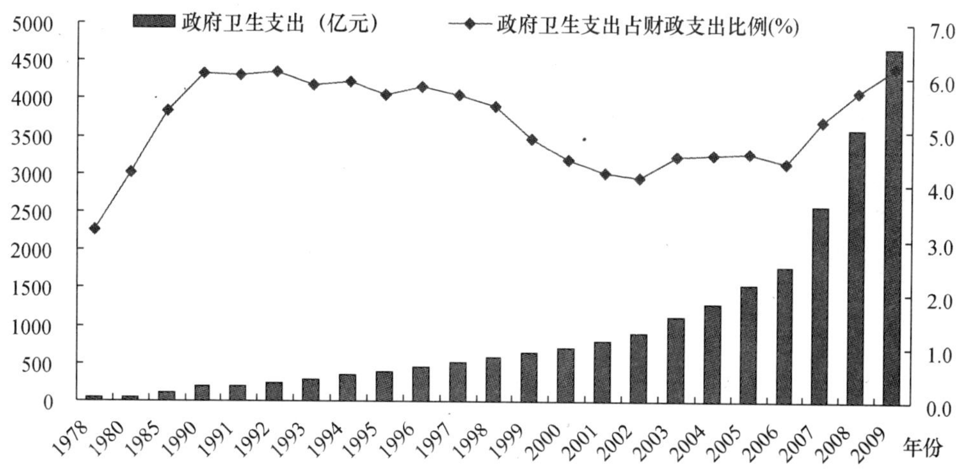

图4－8　改革开放以来我国政府卫生支出及占财政总支出的比重

资料来源：《中国卫生统计年鉴2010》。

① 1997年，中共中央、国务院《关于卫生改革与发展的决定》。

卫生总费用反映一个国家一年内全社会用于卫生服务的资金总额，主要由三部分构成：政府卫生支出、社会卫生支出、个人卫生支出。图4－9显示出，20世纪90年代之后，我国的卫生总费用中政府卫生支出占比不断下降，而居民个人支出比重却呈现快速增长的态势，并且在2001年达到极大值60%，占到卫生总费用的绝大部分。在2003年之后，情况有所改善，但仍不容乐观。2009年，政府卫生支出也仅占卫生总费用的22.3%，与世界其他国家相比处于较低水平。在欧洲发达国家，如英国，卫生费用中的81.7%（2007年）由政府负担。即使是美国那样市场经济高度发达、医疗卫生服务高度市场化的国家，政府卫生支出也占到整个社会卫生支出的45.5%（2007年）。而且该比例也同样落后于与我国经济发展水平相近的发展中国家的比例，如泰国政府卫生投入占73.2%（2007年）①。

20世纪90年代以后政府卫生支出在卫生总费用中比重下降，从表面上看，主要在于：一是财政支出中用于卫生的支出份额减少所致（见图4－8），二是整个国家公共财政支出占GDP比重下降的结果。1978～2007年，卫生总费用增长了100多倍，而财政支出总额增长却不到64倍。

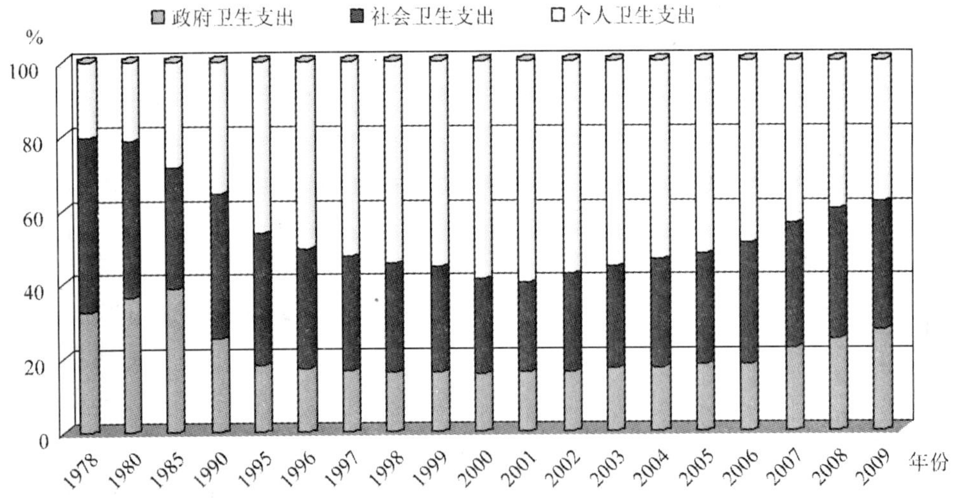

图4－9　改革开放以来我国卫生支出结构

资料来源：《2010中国卫生统计年鉴》。

我国政府卫生投入偏低的深层次原因主要在于现行的财政分权体制。我国从1980年开始对各省、市财政试行“划分收支，分级包干”的办法，而卫生事业

① 资料来源：《2010中国卫生统计年鉴》。

支出划归为地方财政负责。地方政府为了增加财政收入，必然倾向于在能够带动经济增长和税收增加的领域增加支出，而卫生领域难以成为财政投入的重点。同时，分税制改革后，中央在上收财权的同时并没有对事权作出相应调整，同时地方政府也纷纷效仿中央的做法，财权向上级政府集中，事权向基层政府下放，因而基层政府财政在出现困难的同时，却实际承担着大部分的政府卫生支出，因而对医疗卫生领域的投入能力降低。

与此同时，我国个人卫生支出比重在2009年仍高达38.2%。1978（经济改革开始之时）~2003年间，自付费用支出的年实际增长率为15.7%。1978年个人卫生支出占卫生总支出的比例仅为20%，到20世纪90年代末已接近60%，2001年之后，个人卫生支出比例有所下降，但仍维持在较高的比例，见图4－9。而在我国农村地区，现金支付的医疗费用占全部卫生支出的比例更是高达90%①。与其他国家相比，我国个人卫生支出占卫生总费用的比例过高，不但高于欧美发达国家，也高于很多并不发达的亚洲国家。如图4－10所示，在2007年，我国个人卫生支出比例为55.3%，而欧美一些国家个人卫生支出比例大部分小于30%，部分国家甚至不到20%。同时，我国该比例也高于印度尼西亚、泰国等国家。

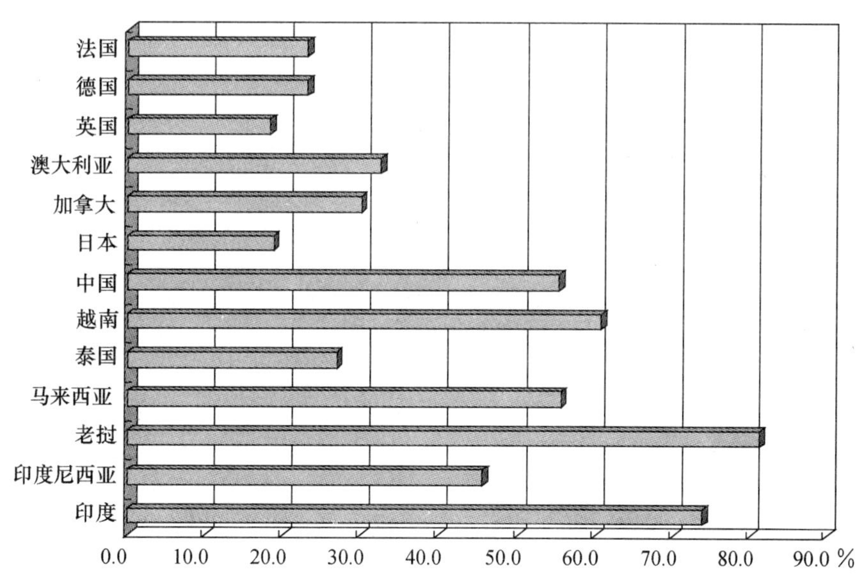

图4－10　2007年个人卫生支出占卫生总费用的比例：我国和其他国家的比较

资料来源：《2010中国卫生统计年鉴》。

---

① 联合国卫生伙伴合作小组．中华人民共和国卫生形势评估，2005.

另外，即便在公共卫生领域，自费也是一种普遍现象。Wang 和 Sun 等（2006）发现，在他们研究的两个县中，50%的公共卫生支出都是由患者自费负担的。自付费用不仅影响人们最终是否得到所需的医疗服务，也会使他们陷入经济困境，导致因病致贫现象。

三、医疗服务价格快速增长

图 4－11 显示了 1985 年以来我国农村居民消费价格指数（CPI）和医疗保健价格指数的变化趋势。从中可以看出，医疗保健价格呈快速增长的趋势。尤其是 20 世纪 90 年代以来，农村居民医疗保健服务价格增长速度快于 CPI 的增长速度。

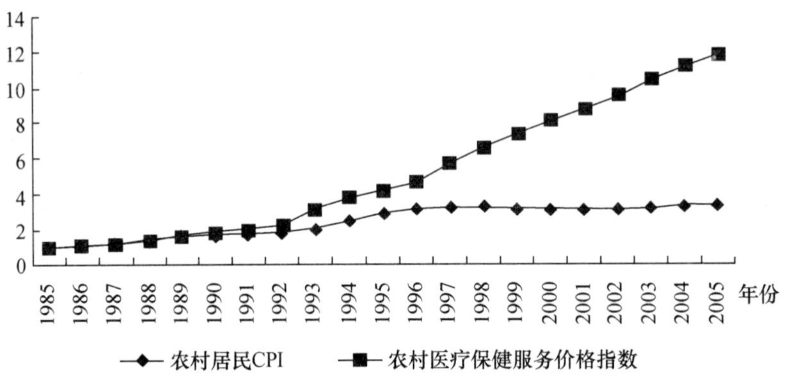

图 4－11　1985 年以来农村居民 CPI 和医疗保健服务价格指数

注：农村居民消费价格指数和医疗保健服务价格指数分别用 1985 年价格表示。

资料来源：王翌秋（2008）。

医疗价格之所以不断攀升，其中一个重要原因是医疗服务领域存在严重的信息不对称现象，特别是患者与医生之间的信息不对称。由于医生对患病的病情拥有极大的信息优势，而病人缺乏关于自己病情的详细信息，并不清楚自己的实际需求，而只能听从医生的安排。所以，如果医生的经济利益与其所提供的服务量挂钩，那么医生就存在趋利的动机，通过诱导患者需求、提供过量服务、开大处方来增加自己的收入。再加上现行的医疗卫生体制不能够约束医疗服务机构和医生行为，反而助长了医院的营利动机，导致医疗费用快速上涨。另外，由于病人对医疗服务的需求价格弹性较小，即使医院故意抬高价格，也无计可施，只能被动地接受。

医疗设备盲目高端化也推动了医疗服务的高成本。医院筹资社会化使各级医院之间的关系由过去的分工协作转变为全面竞争。根据经济学理论，有效的竞争

将促使厂商尽量压低成本，从而降低市场均衡价格。但是医疗服务市场并不是完全竞争市场，其特殊性决定了价格决定机制不能发挥作用。信息不对称以及医疗保险使得患者更注重医院的知名度，缺乏搜寻最低价格的意愿。因此，医院之间的竞争往往表现为非价格竞争。医院为了提高知名度，获取更多的利润，竞相引进医术高的医生，引进先进的诊疗设备，追求的不是“最适合”标准，而是“最好”标准，而医生的高薪以及昂贵的设备购置费最终转嫁于患者，通过增加对患者的收费来弥补该部分费用。

药品生产流通领域的混乱也导致药价的虚高。改革开放的浪潮使与医疗机构密切联系的药品产业发生了急剧变化。药品市场保持旺盛的增长势头，尽管政府对制药企业和医药流通企业强制实行 GMP 和 GSP 认证，但认证标准越来越宽松，从而降低了进入壁垒，药品企业低水平重复生产现象严重，市场竞争激烈。但是，由于我国对卫生机构的财政投入较少，政府的责任缺位，为增加医疗卫生机构的投入，允许医疗卫生机构适当收取药品差价。同时，医疗机构有着强烈的趋利动机，导致了“以药养医”现象。因此，在药品市场上出现了竞争促使高价格的反常现象。药品价格越高，医院收入越高，医院也就更倾向于购进高价格药品。另外，药品生产和分销商为了更好地销售药品，往往承诺给予相关负责人（例如医院院长、药房主任等）相应回扣，而价格越高，回扣也就越多，这也促使高价格药品更容易进入医院。而高昂的药价最终还是由患者来承受，医疗负担进一步加重。

四、医疗资源分布不均等

我国城乡二元经济结构在医疗卫生服务领域表现为城市和农村居民的人均医疗卫生费用相差悬殊。2008 年城市人均卫生费用为 1862. 3 元，农村人均卫生费用为 454. 8 元，城市是农村的 4. 1 倍。图 4 – 12 显示了城乡人均卫生费用的历年差距情况。从中可以看出，城乡人均卫生费用的差距一直维持在较高的水平，除了 20 世纪 90 年代中期有小幅下降以外，总体上两者的差距在波动中有所上升。

与此同时，政府卫生经费在城乡之间的分配也存在巨大差异，呈现出向城市倾斜的倾向，没有起到纠正卫生支出不公平的作用。我国财政收入主要来自城市经济，财政支出，尤其是公共服务方面的支出主要用于城市居民。在 20 世纪 80 年代实行“分灶吃饭”之后，财政对农村医疗卫生的支持力度进一步被削弱。按照当时分权的财政体制，财政经费逐级下放给省、市、县、乡各级政府自行支配；同时规定，卫生体系的资金由地方财政拨付。

以政府卫生支出中的卫生事业费为例，第三次国家卫生服务调查的结果显示，

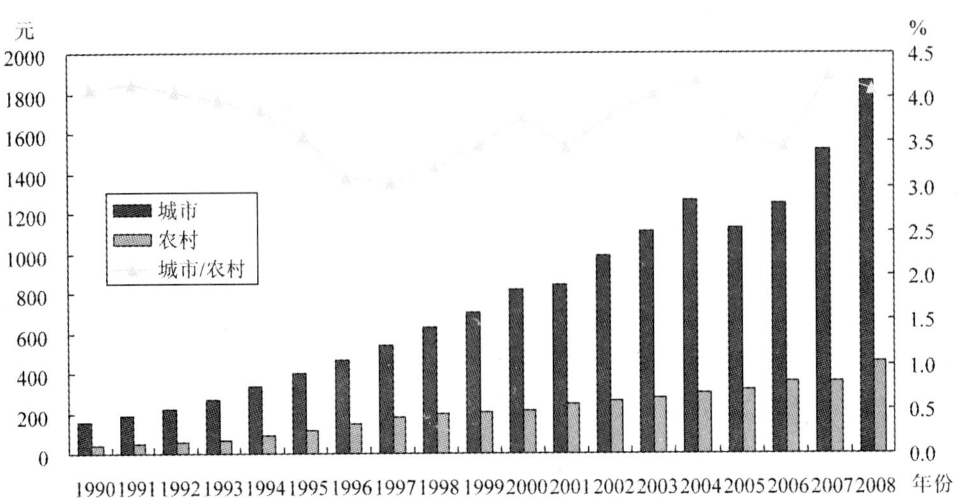

图4-12 城乡人均卫生费用差距（1990~2008年）

资料来源：《2010中国卫生统计年鉴》。

（见表4-9），城市地区的卫生事业经费投入力度明显高于农村地区，政府资源尤其向大城市集中。2002年，城市调查地区卫生事业经费投入为1541万元，而农村调查地区仅为784万元，城市投入几乎是农村的2倍。而与此同时，在农村内部，不同农村地区随其经济发展水平的差异，在卫生事业上的投入也存在差距。经济越不发达的农村地区，卫生事业经费投入越少。

表4-9 2002年调查地区平均每县（市、区）卫生事业经费投入

单位：万元

	城市				农村				
	合计	大城市	中城市	小城市	合计	一类农村	二类农村	三类农村	四类农村
卫生事业经费投入	1541	2238	912	1070	784	957	853	631	648
其中：当地财政卫生拨款	1345	1844	881	997	726	904	803	558	607
各级专项补助	9	18	1	5	27	12	24	39	34
财政基本建设费用	187	376	30	68	31	41	26	34	7

资料来源：《中国卫生服务调查研究：第三次国家卫生服务调查分析报告》。

这种卫生总支出的城乡不平衡与财政卫生资金分配的城乡不平衡的直接结果是，农民获得医疗保健卫生服务的能力要远远弱于城镇居民。

医疗资源的分配仍旧是向城市倾斜。从图 4 - 13 可以看出，我国医疗服务资源在市、县、乡三级地区的分布十分不均。每千农业人口拥有的床位数长期不足 1 张，而城市每千人口拥有的床位基本都在 3.5 张以上。而且目前来看，城乡之间分布的差距并没有下降的趋势，相反却呈现加大的趋势，特别是在 2004 年之后。

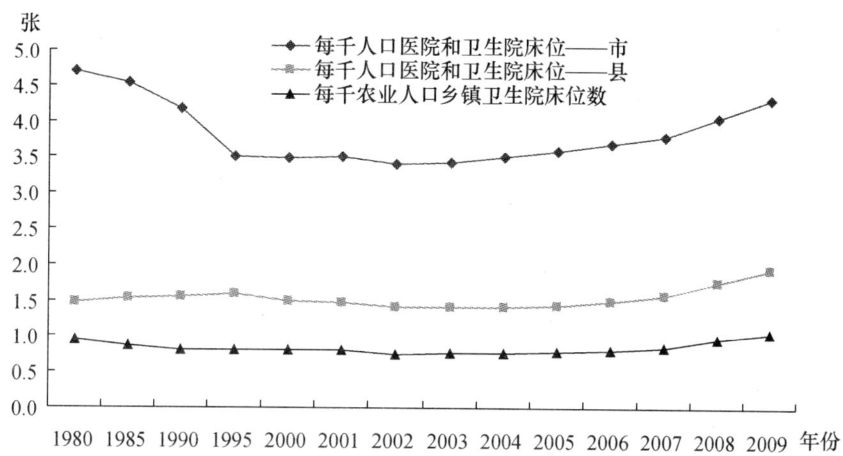

图 4 - 13　每千人口医院、卫生院床位数

资料来源：《2004 中国卫生统计年鉴》、《2010 中国卫生统计年鉴》。

从卫生技术人员的分布来看（见图 4 - 14），新中国成立以来，城乡之间的数量差距一直较大。1975 年市、县每千人卫生技术人员差距比达到最大（4.91∶1）。随着农村卫生事业的发展以及农村卫生网络的完善，该差距呈下降趋势，但 2000 年之后，差距又不断扩大。

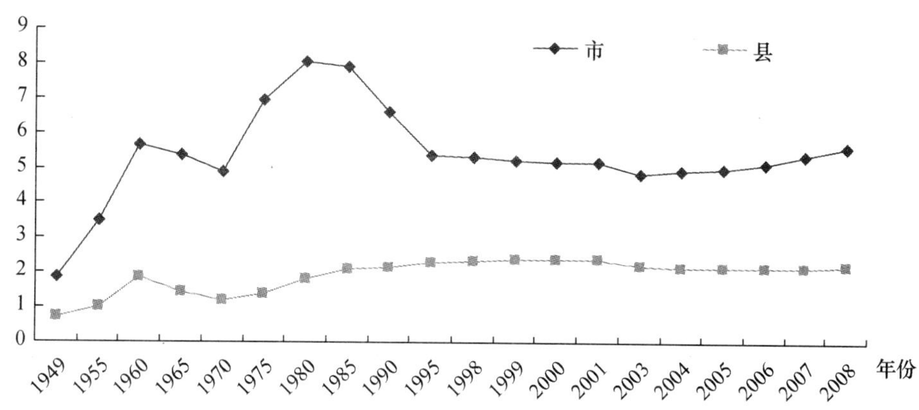

图 4 - 14　每千人卫生技术人员数

资料来源：《2010 中国卫生统计年鉴》。

在构建农村保障体系中，乡村卫生机构是重要的组成部分。在过去的实践中也证实了村级卫生机构和医务人员在提高农民健康水平方面发挥了不可替代的作用。但是，部分地区医疗可及性较低，乡村医疗服务体系满足不了农村居民日益提高的医疗服务需求。

第四次国家卫生服务调查结果显示，见表 4－10。农村住户离最近医疗点不足 1 公里的比例为 58%，65.6% 的家庭可以在 10 分钟内到达最近医疗点，医疗可及性较 2003 年有所改善（2003 年两者比例分别为 67.2% 和 71.2%）。但是，表中数据也表明经济越不发达的农村地区，其医疗可及性越差，表现为离最近医疗点的距离增大，达到的时间更久，所以该地区农村居民因为距离遥远而不能及时就医的问题还没有得到很好解决。

表 4－10　2008 年农村调查地区距最近医疗单位距离和时间　　单位：%

指标	农村合计	一类农村	二类农村	三类农村	四类农村
距离					
不足 1 公里	58.0	58.8	64.9	58.8	37.4
1～2 公里	17.9	19.8	18.8	16.9	14.6
2.1～3 公里	10.1	12.6	8.6	10.0	9.5
3.1～4 公里	5.0	4.7	3.2	5.2	9.7
4.1～5 公里	2.6	1.8	1.3	3.3	5.8
5.1～5 公里以上	6.3	2.3	3.2	5.9	22.9
时间					
10 分钟以内	65.6	73.3	74.0	64.0	40.9
11～20 分钟	19.8	19.3	19.1	20.0	22.2
21～30 分钟	8.8	5.6	6.7	9.6	18.4
30 分钟以上	5.7	1.8	3.1	6.4	18.5

资料来源：《2008 中国卫生服务调查研究：第四次家庭健康询问调查分析报告》。

五、医疗保障制度缺位

完善的医疗保障体制能够削弱医疗费用对个人的影响，医疗保险通过将疾病的经济风险在健康人群和患病人群、人的健康时段和患病时段间分摊来缓解疾病的冲击。而前三次国家卫生服务调查关于自费医疗的比率的数据，见图 4－15，表明我国 70% 左右的居民没有任何医疗保险，而且在农村地区更为严重，80% 左右的农村居民的医疗费用完全由个人承担。

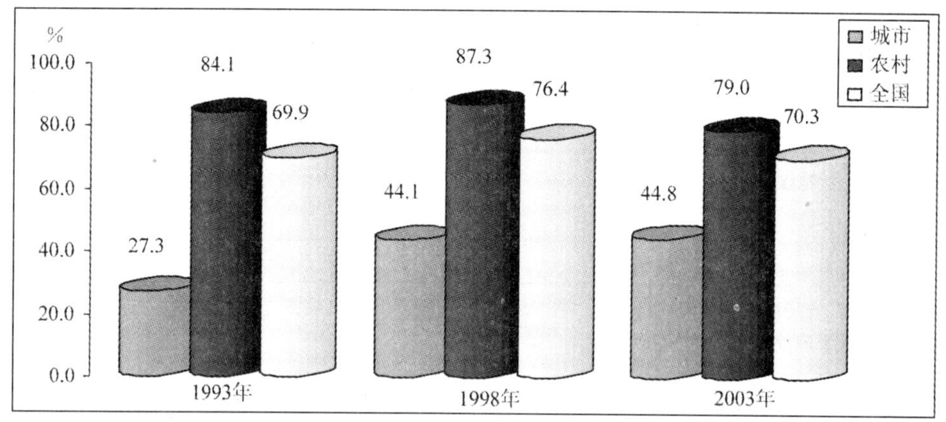

图 4－15　前三次国家卫生服务调查中自费医疗比率

资料来源：《中国卫生服务调查研究：第三次国家卫生服务调查分析报告》。

究其原因，主要是我国旧有的医疗保障体系业已瓦解，而新的保险体系尚未完全建立，从而造成了医保覆盖率过低的局面。新中国成立后，我国政府一直力图为农村居民构建有效的医疗保障制度。当时，农业劳动者享有以公社为基础的合作医疗，企业职工享受劳保医疗保险，公务员和其他政府工作人员享受公费医疗保险，近乎全民覆盖的医疗保险在改善国民健康方面取得了举世瞩目的成就。但是市场经济体制的改革带来了医疗保险覆盖率的急剧下降，农业集体所有制的解体使传统合作医疗几近全面崩溃。到 1993 年，84.1% 的农村居民没有任何医疗保险。20 世纪 90 年代中后期，虽然政府付出了很多努力力图重振农村合作医疗制度，但收效并不明显，1998 年，自费医疗比例继续甚至上升到 87.3%，到 2003 年，仍有 79% 的农村居民没有任何医疗保险。为应对这个巨大的挑战，2003 年以后，在政府的强力支持和推动下，新型农村合作医疗制度得以建立并迅速发展，为农民提供了基本的医疗保障。到 2008 年，农村地区参与新农合的比例达到 89.7%，只有 7.5% 的居民没有社会保险，见表 4－11。

表 4－11　农村地区参加各种医疗保险的构成情况　　单位:%

年份	1993	1998	2003	2008
城镇职工基本医保	—	—	1.5	1.5
公费医疗	1.6	1.2	0.2	0.3
劳保医疗	1.1	0.5	0.1	—
城镇居民基本医保	—	—	—	0.7

续表

<table>
<tr><th>年份</th><th>1993</th><th>1998</th><th>2003</th><th>2008</th></tr>
<tr><td>新型农村合作医疗</td><td>—</td><td>—</td><td>—</td><td>89.7</td></tr>
<tr><td>合作医疗</td><td>9.8</td><td>6.6</td><td>9.5</td><td>—</td></tr>
<tr><td>其他社会医疗保险</td><td>3.1</td><td>3</td><td>1.3</td><td>0.4</td></tr>
<tr><td>商业保险</td><td>0.3</td><td>1.4</td><td>8.3</td><td rowspan="2">7.5</td></tr>
<tr><td>自费</td><td>84.1</td><td>87.3</td><td>79.0</td></tr>
</table>

资料来源：《中国卫生服务调查研究：第三次国家卫生服务调查分析报告》、《2008 中国卫生服务调查研究：第四次家庭健康询问调查分析报告》。

目前的新农合制度同时还面临着来自多方面的挑战。首先，合作医疗制度的持续，需要农民的信任。如果没有农民的信任，那么参保人数就不够，通过同舟共济、互助互爱的方式化解疾病风险的新农合制度就失去了存在的基础，最终也会走向“崩盘”。而农民对政府行为的抵触心理、新农合制度报销手续的烦琐等都影响到农民对制度本身的信任。其次，在自愿参保原则下，医疗保险领域的逆向选择将使得高疾病风险者有较强的参保积极性，导致补偿支出压力增大，当补偿支出超出筹资额度时，新农合制度将难以存续。最后，较低的筹资水平也降低了新农合的保障力度。因此，农村地区迫切需要建立多元化的、适应不同需求的医疗保障体系。

第五节　本章小结

通过本章的分析，可以得出以下结论：

由于政府卫生事业投入的不足，特别是对卫生机构的财政投入的减少，医院失去了稳定的靠山，不得不自筹资金以解决入不敷出的困境，具有强烈的趋利动机。“以药养医”、按项目收费等卫生经济政策以及医院将医生收入和其服务量挂钩的做法，促使医生利用其信息优势诱导患者需求，抬高医疗费用。同时，医院为吸引病人获取更多利润，更是利用非价格竞争手段不断提高诊疗设备的技术水平，进而将增加的成本转嫁给患者，患者面临沉重的医疗负担。

另外，由于我国正处于新旧医疗保障制度交替的时期，医保还未能做到广泛覆盖，新农合制度的保障水平也较低，大部分病人必须自费看病。导致广大农村居民医疗服务的经济可及性较低，出现患病不就诊、应住院而未住院的现象。而城乡之间医疗资源分布的不平衡，也直接导致农民获得医疗保健卫生服务的能力远远弱于城镇居民。尤其是在遭受大病冲击时，将迫使农民陷入贫困的境地。

第五章 健康、贫困及两者关系的微观描述

第一节 总体样本描述

一、研究对象选取

在我国农村地区，家庭收入，尤其是农业收入，很难精确地区分每个家庭成员的贡献比例，为了更好地反映家庭成员对家庭资源的利用程度，本书以家庭为分析单元，以家庭人均收入水平识别家庭贫困状况。另外，在风险分担方面，当某个家庭成员面临健康风险冲击时，家庭习惯于借助整个家庭的资源来应对，因此，综合这两方面的因素，选取家庭作为研究对象是合情合理的。

CHNS 数据是追踪调查，但其时间跨度比较长，从 1989 年第一次开始调查到 2006 年已经历时 17 年，其必然存在样本的流失问题，导致家庭结构的变化，而且不同的年份调查内容也并不是一成不变的，这将不可避免地导致样本相关信息的缺失。因此，在删除了缺失健康、医疗、收入等关键信息的样本基础上，本书还对调查的有效个人样本数与家庭人数进行了匹配，而只保留了两者一致的样本，最终，1989 年、1991 年、1993 年、1997 年、2000 年、2004 年、2006 年当年调查的有效户样本数分别为 2363、2230、2228、2431、2739、2813、2909，均占到当年全部样本总数的 60% 以上，见表 5 - 1，其中连续参加七轮调查的样本户为 1183。

二、样本人群的社会和人口学特征

一般来说，社会和人口学特征相对比较固定，特别是对于匹配样本来说，这种特征更加突出，因此本部分主要利用当年有效样本，对样本户的社会和人口学

表 5－1　样本量描述

项目	1989 年	1991 年	1993 年	1997 年	2000 年	2004 年	2006 年
总样本①	3795	3616	3441	3875	4403	4387	4467
当年有效样本	2363	2230	2228	2431	2739	2813	2909
占当年总样本比例（%）	62.27	61.67	64.75	62.74	62.21	64.12	65.12
各年均出现的有效样本	1183	1183	1183	1183	1183	1183	1183
占当年有效样本比例(%)	50.06	53.05	53.10	48.66	43.19	42.05	40.67

特征进行简单描述，以考察在调查区间内的变化情况。

样本户家庭成员平均年龄从 1989 年的 29.66 岁上升到 2006 年的 45.98 岁，见表 5－2，这充分说明了追踪调查样本老化的现实。从 2006 年家庭成员平均年龄的结构分布来看（见图 5－1），25～24 岁、35～44 岁以及 45～54 岁三者所占比重较大。值得注意的是，家庭成员平均年龄在 65 岁以上的占 13.03%，这说明该家庭成员基本上都是老龄人口，对于这部分农村家庭来说，收入来源更为有限，所以一旦受到健康风险的冲击，如果缺乏有效的风险管理策略，极有可能陷入贫困的境地。

表 5－2　样本户基本描述

项目	1989 年	1991 年	1993 年	1997 年	2000 年	2004 年	2006 年
家庭成员平均年龄	29.66	31.41	32.87	35.43	37.41	43.75	45.98
家庭人口	4.24	4.19	4.14	3.79	3.65	3.30	3.59
家庭负担系数②	0.32	0.32	0.31	0.28	0.26	0.27	0.27

从家庭人口来看，我国家庭结构逐渐出现小型化的趋势。一方面，家庭成员年龄增大，并出现老龄化趋势；另一方面，家庭规模不断减小，但是样本户家庭负担系数却出现下降的趋势。

教育是一种重要的人力资本，是人口健康和贫困的重要决定因素，人力资本增加对增加收入和缓解贫困具有重要的意义。在同一家庭内部，各成员间文化程度有所不同，为了衡量户受教育程度的高低，我们采取两个指标分别进行衡量：

① 1989 年、1991 年、1993 年、1997 年、2000 年数据来自 CHNS 网站对样本的描述，2004 年、2006 年数据系作者汇总数据。

② 家庭负担系数指 14 岁及以下少年儿童人口数和 65 岁及以上老年人口数与 15～64 岁劳动力年龄人口数的比例。表明的是每百名劳动年龄人口负担多少非劳动年龄人口。考虑到部分样本户家庭成员全部为 65 岁以上，因此本书用 14 岁及以下和 65 岁及以上人数与家庭总人口的比例来表示家庭负担系数。

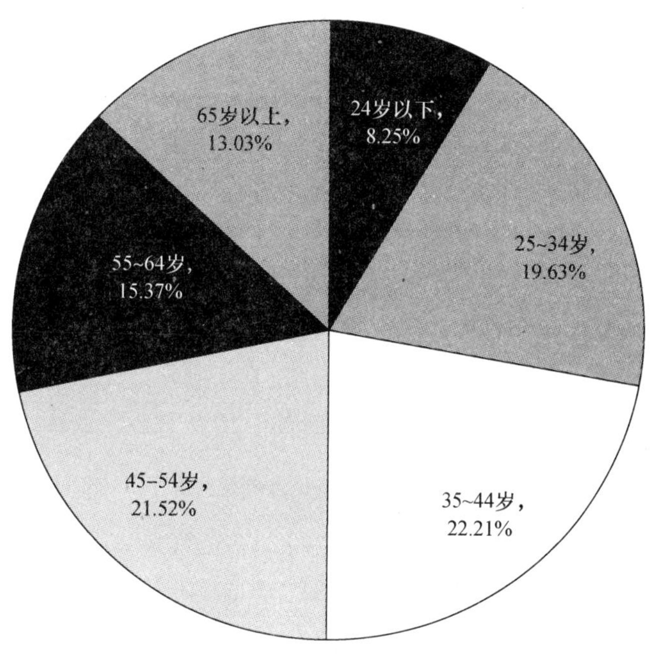

图 5-1 2006 年家庭成员平均年龄结构分布

一是户主的受教育程度，户主一般是家庭的决策者，其受教育程度对家庭收入和资源的分配有重要影响；二是家庭成员最高受教育程度。户主受教育程度的结构变化从图 5-2 中可以看出，户主受教育程度总体上不断提高，文盲半文盲的比例由 1989 年的 33.89% 下降到 2006 年的 18.76%，高中（中专）比例由 1989 年的 11.63% 上升到 2006 年的 17.95%，这反映出农村开展的基础教育工作取得了很大的进步。另外，我们也可以看出户主受教育程度主要集中在小学以及初中程度，两者之和均达到了当年样本数的一半以上。图 5-3 为家庭成员最高受教育程度结构变化。比较户主受教育程度和家庭成员最高受教育程度可以发现，各个调查年份，初中及以上所占比重，前者明显低于后者，而小学及以下所占比重则是前者高于后者。家庭中户主的学历并不一定是最高的，与此同时，由于户主的平均年龄大于文化程度最高的家庭成员的平均年龄，这表明在我国农村，年轻一代相对于年老一代受教育程度有所提高。但是，高学历人才仍然过少，两个衡量指标都显示大学及以上学历比重偏小，这就需要农村家庭加大对子女教育投资的力度。

三、样本人群的经济特征

在此我们主要以家庭人均收入反映样本的经济特征。CHNS 虽然不是一项专门的收入调查，但其调查内容涉及非常详尽的收入信息，包括家庭果菜园及收入、

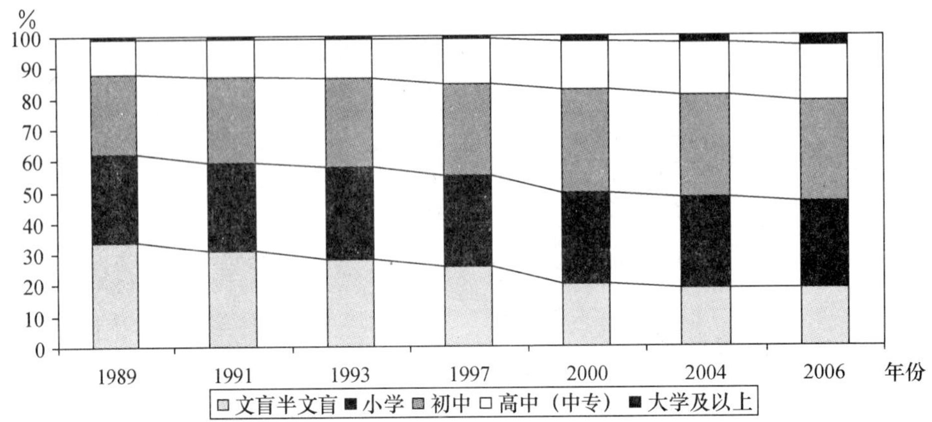

图 5-2 户主受教育程度结构

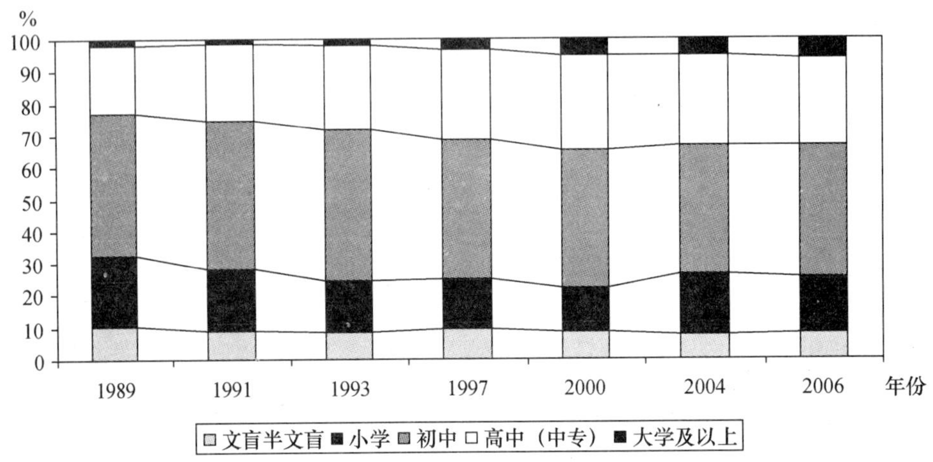

图 5-3 家庭成员最高受教育程度结构

农业收入、养殖收入、家庭渔业收入、家庭手工业及商业收入、工资及津贴收入、财产收入、各项补贴收入以及馈赠等。另外，农村家庭收入还包含了自家消费的农副产品。1989 年被调查户当年家庭平均人均收入为 875.18 元，之后逐轮上升，到 2006 年已经达到了 5549.60 元，大大高于全国平均水平①。匹配样本户家庭平均人均收入也呈现逐轮上升的趋势，但不管按照当年价格，还是按照 1988 年不变价格，其数值均低于当年样本的数值，见表 5-3。

① 1988 年、2005 年，全国农村家庭平均人均纯收入分别为 545 元、3254.93 元。

表 5-3　家庭人均收入水平

年份		1989	1991	1993	1997	2000	2004	2006
当年样本	当年价格	875.18	924.37	1239.97	2710.80	3252.91	4435.23	5549.60
	1988 年不变价格	822.23	830.30	915.96	1221.38	1509.67	1921.74	2305.88
匹配样本	当年价格	795.70	818.68	1081.53	2453.27	3001.86	3818.94	4586.79
	1988 年不变价格	767.21	758.70	820.36	1141.83	1429.84	1702.75	1978.51

四、样本人群的健康状况

准确地测度个体健康状况是一个十分困难的问题。一方面，对于健康概念的测度，仍没有一个统一的标准。传统的健康概念主要强调医学方面，认为无病即健康。世界卫生组织（WHO）提出："健康不仅仅是没有疾病且身体强壮，而是身体的、精神的健康和社会幸福的完美状态。"但具体的精神层面如何量化，仍然不得而知。另一方面，对于不同的个体，各自的衡量标准不同，健康也就被赋予了不同的意义。因此，我们很难找到测量健康水平的有效的度量指标。目前，对健康的测度主要有以下几种方法：

（1）被调查者自己对于其健康状况的评价，这是一种主观评价方法。

（2）以患病率和生病时间对健康进行测度，如两周患病率、因病卧床天数等。该方法其实假定健康就是无病，不能真正诠释健康的全部内涵。

（3）多因素指标建构。结合中国健康与营养调查的调查内容，采用健康状况自评及过去四周的患病情况作为衡量健康状况的指标。

1. 自评健康状况

中国健康与营养调查询问样本人群"与同龄人相比，你觉得自己的健康状况怎么样？"包括 4 个等级：非常好、好、一般、差，分别赋以 1、2、3、4。在此我们主要选取 14 岁及以上人群，考察在不同年份的自评健康状况及变化趋势①。从图 5-4 可以看出，自评"好"的在各调查年所占比例均为最大，其次为"一般"。从年度变化来看，自评"非常好"与"好"的比例总体呈现下降趋势，相反，自评"一般"、"差"的比例除 1993 年外，出现逐渐上升的趋势，这表明，总体上样本人群的健康状况出现下降趋势。农村居民的健康状况并不乐观，并没有随着经济发展水平的提高而得到改善。生活水平的提高增加了人们对于不健康产品的消费，如烟酒、垃圾食品等，导致健康水平的下降。

① 关于自评健康状况，各年的调查对象具有不一致性。1989 年不涉及该项内容的调查，1991 年、1993 年、1997 年调查对象为所有人群；2000 年为 14 岁及以上人群；2004 年、2006 年为 12 岁及以上人群。因此，为了使结果具有可比性，我们统一选取 14 岁及以上样本。

接下来我们根据2006年样本重点分析不同特征农村居民的健康差异性。

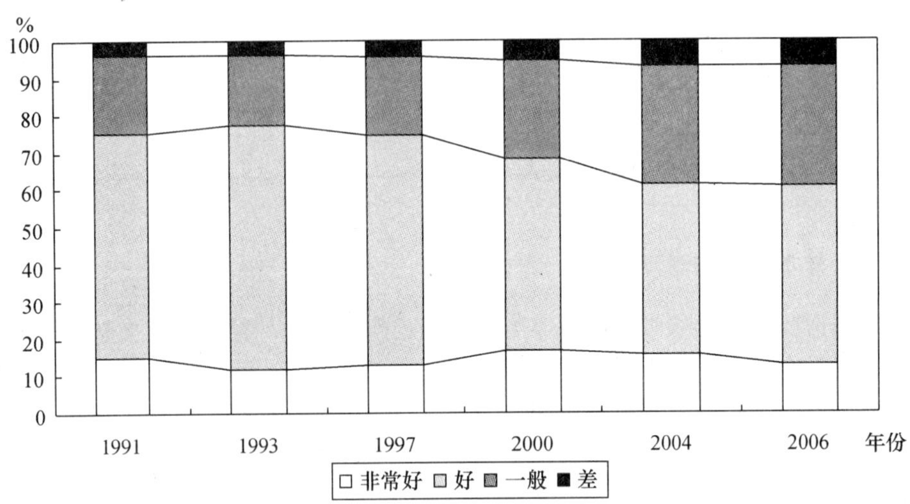

图5－4　样本人群自评健康状况结构

从表5－4可以看出，性别与自评健康状况的卡方值通过了显著性检验，表明男性与女性之间的自评健康状况存在显著的差异。男性自评“非常好”与“好”的比例高于女性，而自评“一般”与“差”的比例则是女性高于男性。这表明女性对自身健康状况的评价比较消极。

表5－4　自评健康状况的性别差异　　单位:%

	男性	女性
非常好	15.74	10.41
好	49.02	46.64
一般	29.18	34.79
差	6.06	8.17
合计	100	100
χ^2	63.300***	

注：***表示在1%的水平上显著。

为了反映自评健康状况的年龄差异，我们测算了各个年龄段内自评健康状况的分布结构。表5－5数据显示，随着年龄的增大，自评健康“非常好”、“好”的比例呈不断下降的趋势；相反，自评健康“一般”与“差”的比例呈上升趋势。如 15 ~24 岁年龄组自评健康“非常好”的比例达到 30.28%，而 65 岁以上年龄组该比例仅为 3.35%；5 ~14 岁年龄组没有自评健康“差”，而在 65 岁以上年龄组，该比例达到 19.41%。在低年龄组，“非常好”、“好”的比例之和占各自年龄组的比例达到 60% 以上，而在高年龄组，自评“一般”与“差”占各自年龄组的比重较大。这表明，年龄越大，自评健康状况越消极。

表 5 -5　按年龄分组的自评健康状况　　单位：%

	5 ~14 岁	15 ~24 岁	25 ~34 岁	35 ~44 岁	45 ~54 岁	55 ~64 岁	65 岁以上
非常好	23.53	30.28	21.62	16.72	9.65	5.63	3.35
好	57.35	53.19	58.67	57.02	51.26	37.94	26.93
一般	19.12	13.75	17.70	22.99	32.73	47.45	50.30
差	0.00	2.79	2.02	3.27	6.36	8.98	19.41
合计	100	100	100	100	100	100	100
χ^2	1115.36 ***						

注：*** 表示在 1% 的水平上显著。

表 5 -6 显示，受教育程度也是影响自评健康状况的重要因素之一。文盲半文盲的自评健康较消极，自评健康“差”的比例达到 13.71%，而自评“非常好”的仅有 5.8%，随着受教育程度的提高，自评健康越来越积极，大学及以上人群自评健康“非常好”与“好”的比例之和达到 77.17%，而自评“差”的只有 2.72%。卡方检验也显示，不同受教育程度的自评健康状况存在显著差异。

表 5 -6　按受教育程度分组的自评健康状况　　单位：%

	文盲半文盲	小学	初中	高中（中专）	大学及以上
非常好	5.80	9.95	17.99	16.59	20.65
好	35.50	44.00	54.60	56.53	56.52
一般	44.99	37.99	23.57	23.91	20.11
差	13.71	8.05	3.84	2.97	2.72
合计	100	100	100	100	100
χ^2	591.5 ***				

注：*** 表示在 1% 的水平上显著。

从不同收入人群的自评健康状况来看（见表 5 -7），随着收入水平的提高，自评“非常好”与“好”的比例不断上升，而自评“一般”与“差”的比例不断下降。等级相关的简单相关系数显示，收入水平与健康状况之间呈显著的正相关关系（Kendall's Tau_ b 的相关系数为 0.330，Spearman's Rho 的相关系数为 0.390），收入水平越高，健康状况越好。

表 5-7 按收入五等分组的自评健康状况 单位：%

	低收入组	较低收入组	中等收入组	较高收入组	高收入组
非常好	9.41	9.51	12.49	14.90	18.35
好	44.53	46.93	46.86	48.26	52.24
一般	35.77	34.74	33.16	30.39	26.59
差	10.29	8.82	7.49	6.45	2.82
合计	100	100	100	100	100
χ^2	143.892***				

注：***表示在1%的水平上显著。

2. 过去四周患病情况

中国健康与营养调查询问样本人群“过去四周中，你是否生过病或受过伤？是否长期患有慢性病或急性病？”这里所称的“患病”主要依据被调查者的自身感受，从农户对卫生服务的需要和需求的角度来考虑的，并不一定是真正意义上的“患病”。被调查者只要自我感觉不适，有慢性病或者急性病，不管是去正规的医疗机构就诊，还是自我治疗，或者不予理会，但因此休工休学，都被纳入“患病”的范畴。以往的研究通常采用两周患病情况来估算患病率，本书依据调查内容，采用过去四周患病情况来考察农户的健康状况。

表 5-8 按性别和年龄分组的过去四周患病情况

	未患病		患病	
	样本数	比例（%）	样本数	比例（%）
性别分组				
男性	3163	84.55	578	15.45
女性	3120	79.98	781	20.02
合计	6283	82.22	1359	17.78
χ^2	27.279***			
年龄分组				
0~5岁	275	79.71	70	20.29
5~14岁	763	91.49	71	8.51

续表

	未患病		患病	
	样本数	比例（%）	样本数	比例（%）
年龄分组				
15～24岁	459	90.71	47	9.29
25～34岁	784	92.34	65	7.66
35～44岁	1342	87.20	197	12.80
45～54岁	1195	83.22	241	16.78
55～64岁	859	75.35	281	24.65
65岁以上	606	61.03	387	38.97
合计	6283	82.22	1359	17.78
χ^2	503.85***			

注：***表示在1%的水平上显著。

我们同样根据2006年样本重点分析不同特征农村居民的过去四周患病情况的差异性。表5－8显示，女性的四周患病率显著高于男性两周患病率，从年龄分组来看，0～5岁儿童组与55岁以上老人组的患病率高于其他年龄组别，25～34岁青年组的过去四周患病率最低，之后随着年龄的上升，患病率不断增高。

从图5－5可以看出，受教育程度越高的人群，过去四周患病率越低，文盲半文盲农村居民的患病率是大学及以上居民患病率的2.4倍，并且卡方检验也显示，不同受教育程度间的过去四周患病率差异显著（$\chi^2=125.44$，$p=0.000$）。

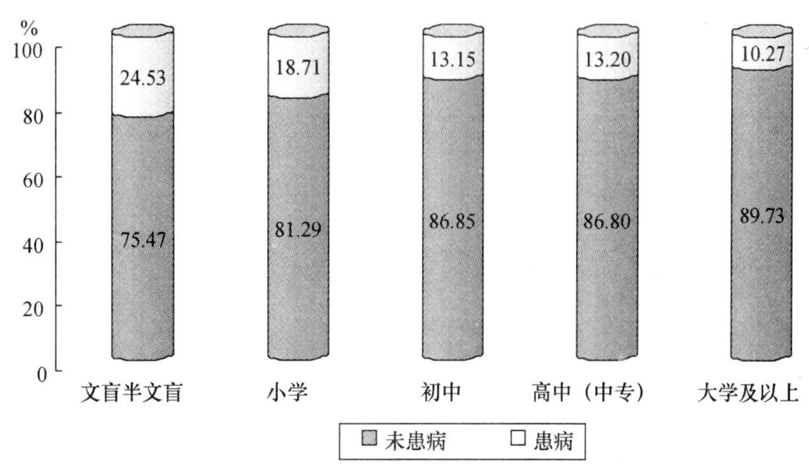

图5－5　不同受教育程度的过去四周患病率

从收入五等分组与四周患病率的关系看来（见图5－6），在2006年的调查样本中，低收入组人群的过去四周患病率最高，其次为较低收入组，中等收入组的患病率最低，而较高收入及高收入组的患病率又有所上升，即收入与过去四周患病情况呈现一种“U”形关系，这与“第二次全国卫生服务调查”的结果较为一致。

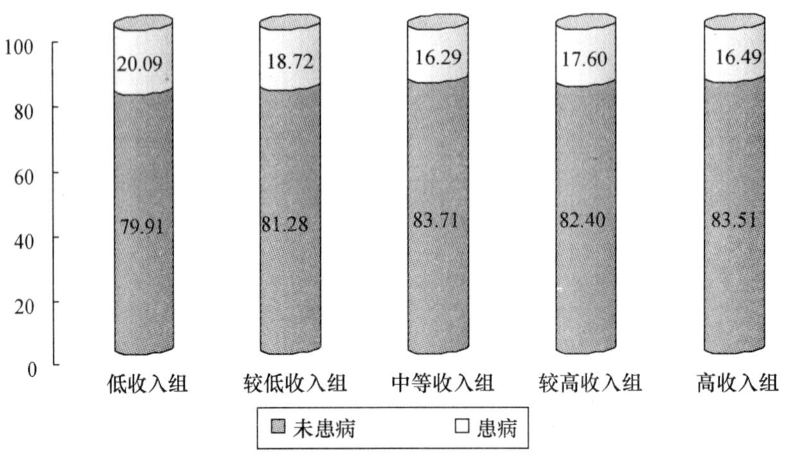

图5－6　不同收入组的过去四周患病率

3. 比较与小结

前面已经提及，要准确测度个体的健康状况并不是一个简单的问题。理论上讲，自己是最清楚自己健康状况的，但自评健康状况仅仅是一类定序变量，没有绝对的零点，不同人群之间的比较缺乏基础。而过去四周患病率主要是基于人群而言的，但是对于个体而言，仅仅是在“是”与“否”之间进行选择，不能清晰地表达出个体健康状况之间程度的差异。

尽管这两个指标各有优劣，但从图5－7中可以看出，2006年样本人群的“自评健康状况”与同期的“过去四周患病率”非常一致，自评健康状况为“一般”与“差”的组别其过去四周患病率分别为67.02%和28.23%，大大高于自评健康状况为“好”与“非常好”的组别。这表明过去四周患病率与个体的自评健康状况联系较大，具有一致性。

从前面分别对2006年样本人群的过去四周患病率与自评健康状况的描述统计结果来看，两者对健康状况的分析也同样具有一致性。

女性健康状况相对于男性来说较差。由于男性与女性在家庭中地位的不同，同时受“男尊女卑”观念的毒害，家庭健康资源较多地向男性倾斜，这种现象在农村尤其突出，导致女性健康状况不如男性。

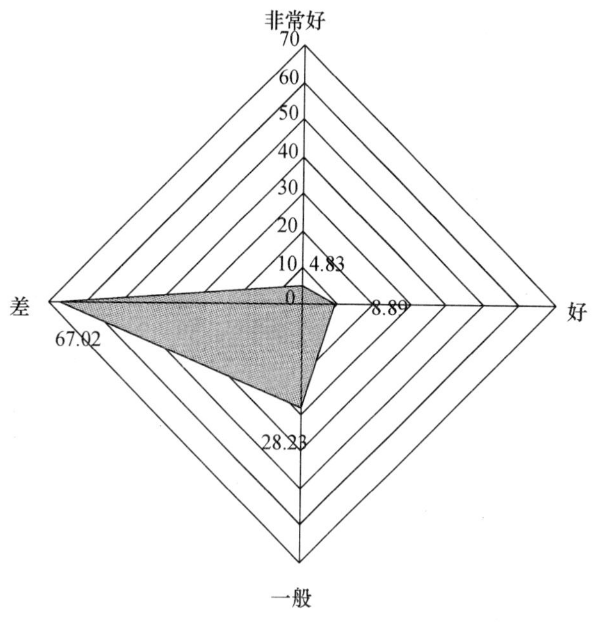

图 5－7　自评健康与过去四周患病率（%）

年龄与健康状况呈负相关。Grossman（1972）曾指出，健康是一种投资品，每个人均继承了一定的初始健康资本存量，同时会随着年龄的增长而折旧，所以年龄越大，健康资本越少，健康状况也就越差。同时，健康资本的折旧率在生命周期的某一天后也会随着年龄而增长，这进一步加剧了健康状况的下降。

受教育程度与健康状况呈正相关。受教育程度的不同，会对个体的健康状况产生影响。主要是因为教育会改变一些不卫生的习惯，或是使人们更加善于调配食物的营养。另外，受教育程度的提高也可能通过影响农户的收入，从而间接影响人们的健康状况。

收入与健康状况存在 U 形关系。这种情况的出现主要是因为高收入人群基本已经达到了小康生活，如果随着收入的提高，大量增加烟酒、垃圾食品等对健康不利物品的消费，就会损害健康。而低收入组基本处于满足温饱阶段，其营养摄入相对不足，从而影响到健康状况。这种收入与健康状况之间的“U”形关系与美国著名经济学家 Grossman 所发现的规律相一致（Grossman，1972）。

第二节　疾病经济负担

疾病会给个人和家庭带来巨大的经济负担，包括直接的和间接的。直接的经济负担主要指家庭在疾病的防治过程中直接消耗的经济资源，包括在各种医疗服务机构所花费的挂号费、医药费、住院费、交通费以及营养费等在内的一切费用；另外，疾病会带来患者有效工作时间的减少或工作能力的降低，同时在需要其他家庭成员照料的时候，也意味着家庭其他劳动力劳动时间的减少，因此疾病的间接经济负担主要指家庭因其成员患病而导致的病人及病人照顾者所损失的工作时间的机会成本以及因工作能力降低而引起的经济损失。当然，疾病也会给个人、家庭带来非经济的负担，如患者及亲友所承受的生理上、心理上的痛苦，以及带来的生活上的压力等，该部分无法用货币来衡量，但却也不容忽视。考虑到可测量性，本书重点描述疾病带来的经济负担。

从表5-9可以看出家庭医疗支出的变化情况，无论是名义支出还是实际支出，均呈现增长的趋势，但增长的幅度存在差异。户均医疗名义支出从1989年的95.01元增长到2006年的759.32元，增长了近7倍，而实际支出只增长了2.5倍。这种差异的存在说明了在样本区间内，我国农村居民医疗支出的增长很大程度上是由医疗价格的上升所引起的。另外值得注意的是，在总体的增长趋势下也存在下降性的波动，而且名义支出与实际支出并不完全一致。这也正说明了疾病风险具有不确定性，由于受多种因素的综合影响，农户医疗支出具有不稳定性。具体来看，实际医疗支出在1997年出现第一次明显的下降。还要注意的是，在2000年，两项支出相对于前一轮调查都出现大幅度的增长，分别增长了78.05%和89.63%。

表5-9　1989~2006年家庭医疗支出情况

年份	1989	1991	1993	1997	2000	2004	2006
医疗支出1（元）	95.01	318.75	390.92	470.52	837.74	729.32	759.32
医疗支出2（元）	90.74	278.69	290.67	214.08	405.96	321.39	317.95
医疗支出占比（%）	2.02	2.97	2.09	1.53	2.09	6.80	5.84
医疗支出样本数	442	454	277	304	387	843	771
零支出比例（%）	81.29	79.64	87.57	87.49	85.87	70.03	73.50

注：医疗支出1是名义支出；医疗支出2是按1988年不变价格调整的实际支出。医疗支出占比指所有家庭医疗支出占家庭收入比例的均值。

从医疗支出相对于家庭收入的比例来看，其总体水平明显呈现两个层次，以2000年为分界线，2000年之前，医疗支出占家庭收入的比例基本在2%左右波动，而2004年及2006年分别达到6.80%和5.84%。医疗支出比例的大幅度上升一方面体现了2003年开始的新农合制度的实施促进了农民对医疗服务的利用，使得医疗购买量增多；另一方面也说明医疗费用的增长速度远远高于农民收入水平的增长速度，导致医疗支出相对占比的快速上升。

另外，绝大多数农户存在零医疗支出的情形，这种现象是多方面因素综合作用的结果，从某种程度上说明我国农村居民的身体状况确实很好，或者偶有不适，通过休养并依靠自身的机体功能能够恢复而不用到医疗机构去治疗。但更合理的解释是农村医疗保障制度的缺失，农民的医疗服务需要不能转化为有效需求。我国农村居民的收入水平普遍不高，支付能力不足，而高昂的医疗服务价格迫使他们采取消极的疾病应对手段，不到万不得已的时候不会到医疗机构就医。另外，农民健康保障意识的淡薄也是造成较高比例零医疗支出的原因之一，其根源在于农民自身的低文化程度以及健康知识的缺乏。

1989~2006年，零医疗支出的家庭比例总体上呈现跳跃式波动的特征，1989年和1991年处于第一阶段，基本维持在80%左右；1993年开始上升，后续三轮调查中也一直保持在较高的水平；2004年又出现下降。这种变化趋势与农村的医疗改革密切相关。开始于20世纪60年代的合作医疗随着农村经济体制改革的深入，特别是家庭联产承包责任制的推行，在80年代迅速滑坡。虽然90年代初期和中后期，我国政府曾先后两次进行了重构农村合作医疗制度的尝试，但是由于制度设计存在缺陷以及集体经济的普遍衰退和农民增收的滞缓，这些尝试均以失败而告终。农民基本没有任何医疗保障，不得不自费承担医疗开支，从而减少了对医疗服务的利用，造成2000年及之前年份的高比例的零医疗支出现象。而这种情形到2004年开始缓解，这可能得益于2003年开始的新型农村合作医疗制度，该制度重点放在迫切需要解决的农民因患大病而导致贫困问题上，对农民的大额医药费用或住院医药费用进行补助，因此又一次促使了农民对医疗服务的利用。另外，零医疗支出家庭比例的下降也在一定程度上反映出农民健康意识的逐渐增强。

调查中问及患病者在过去四周因病不能正常活动时间，笔者以当年样本户家庭收入的均值除以365天得出农户的日均收入，从而计算家庭成员因病给家庭造成的间接经济损失①。表5-10显示因病不能正常活动的天数1991年为9.72天，随后几轮一直下降，到2004年达到最低点，仅3.88天，虽然2006年又出现上

① 由于无法获取家庭照顾患病者的时间，因此我们计算的疾病间接经济负担只是家庭患病成员因工作时间的减少给家庭带来的经济损失。

升，但变化幅度不大。这表明随着农村医疗服务网络的健全以及医疗技术的进步，患病者可以从医疗机构获得更普遍的医疗服务，从而更快地恢复身体健康，相应地减少了疾病带来的时间损失。这种变化趋势与上述医疗服务利用率的变化具有一致性，即2004年之后农户医疗服务利用率相对来说有所增加。

表5－10　疾病时间成本描述

年份	1991	1993	1997	2000	2004	2006
时间损失（天）	9.72	8.48	6.04	5.43	3.88	4.06
间接经济负担1（元）	94.42	83.17	80.87	147.13	121.30	154.59
间接经济负担2（元）	89.00	74.99	59.95	66.66	56.61	67.40

注：间接经济负担1以当年价格衡量；间接经济负担2以1988年不变价格衡量。

进一步分析疾病的间接经济负担，发现在整个样本区间内，疾病所造成的间接经济损失虽然中间出现过阶段性的下降，但总体上呈上升的态势。当排除价格因素的影响外，却呈现总体下降的趋势，这也进一步验证了上述结论，即疾病造成的间接经济损失有所下降。

比较疾病造成的两类经济损失，在样本区间内，一方面直接经济损失处于增加的态势，另一方面间接经济损失出现降低的态势。从健康生产函数的角度考虑，时间和医疗费用都是健康投资的方式，都是健康的生产要素，通过休养依靠身体机能一定程度上能够恢复健康，另外接受治疗也可以达到同样的目的，而且效果更加明显，因此随着农村三级卫生网络的不断完善，新型农村合作医疗的全面开展，以及农村公共卫生工作的不断推进，农民的健康保健意识不断增强，变消极的疾病应对为积极的寻求治疗，健康需要更多地转化为有效的医疗服务需求，对医疗服务的利用率不断增加。

另外不容忽视的是，直接经济损失的基数以及变化的幅度均大于间接经济损失，因此疾病给家庭带来的损失还是不断增加的。特别是在我国农村医疗保障制度还不完善，大部分农户自费进行医疗消费的情况下，一旦家庭有成员遭受疾病冲击，将会给个人和家庭带来巨大的影响，并且该种影响可能是持续的。

第三节　农户遭受健康冲击情况

从图5－8可以看出，无论是健康冲击的绝对数量还是相对比例，均遵循先上升后下降再上升的变化规律。1991 年遭受健康冲击最严重，达到 6.82%。随后的三轮调查显示，健康冲击比例相对比较稳定，但从 2000 年开始健康冲击比例出现转折，进入上升阶段，特别是 2004 年出现了大幅度的上升。不考虑健康冲击定义的缺陷，这种上升的趋势，一方面可能是由于样本人群的“老化”导致的，前文提到 CHNS 是个追踪调查数据库，随着样本户的逐年“老化”，样本人群中老年人所占比例增大，而健康是时间的折旧函数，年龄越大，患病概率越高，导致越近的年份遭受健康冲击的比例越大；另一方面近年来我国农村医疗保障制度不断完善，如新型农村合作医疗、医疗救助制度的实施，增加了农村居民对医疗服务的有效需求，而医疗服务价格的上涨进一步诱致医疗支出的增加。还有可能与人们的饮食习惯有关。随着生活水平的不断提高，人们增加了对不健康食品的消费，如烟、酒等，而更多的肉食消费也增加了心血管疾病的发病概率。

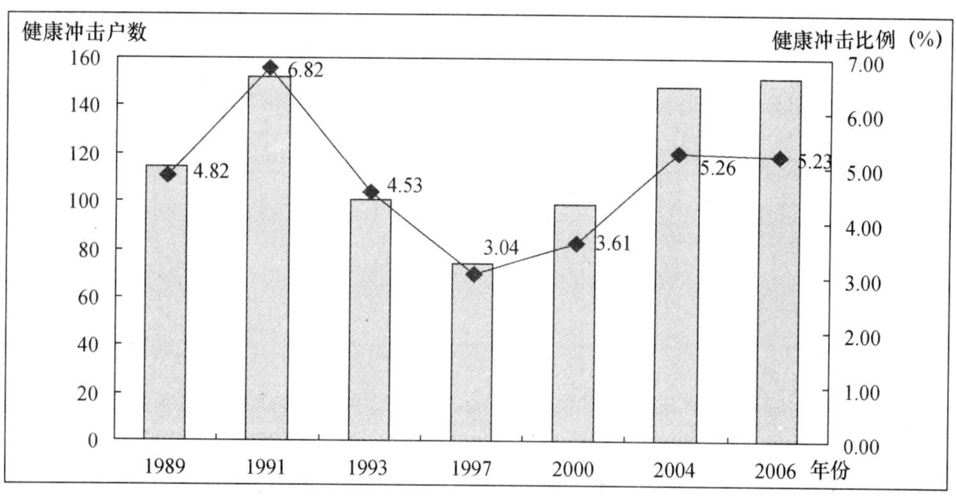

图 5－8　1989～2006 年样本户遭受健康冲击的变化情况

表 5－11　样本户在样本区间内遭受健康冲击情况

健康冲击次数	样本户	比重（%）
0	3192	81.49
1	625	15.96
2	87	2.22
3	11	0.28
4	2	0.05
合计	3917	100

从整个时间段上的健康冲击情况来看（见表5－11），81.49%的样本户没有经历过健康冲击，这表明有18.51%的样本户在七轮调查中至少有一次遭受过健康冲击。在遭受过健康冲击的农户中，绝大多数仅遭受过一次健康冲击，这部分家庭占全部农户的15.96%，经历过两次及以上的家庭所占比例依次减少。

从分省的情况来看，如图5－9所示，在七轮调查中，至少遭受过一次健康冲击的农户比例最高的是河南，为28.03%，接下来是湖南、湖北、广西，均在20%以上；最低的是黑龙江，为8.98%。这表明健康冲击与当地经济发展水平并没有必然的联系，经济欠发达的西部省区，如广西、贵州的健康冲击比例并不是最高的，而经济较发达的东部省区，如江苏，其比例也不是最低的。

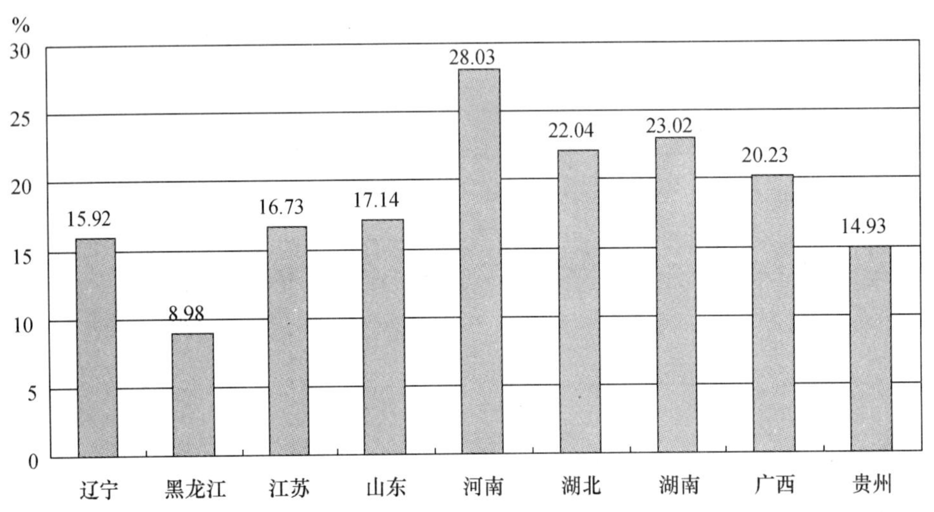

图5－9　分省样本户遭受健康冲击情况

第四节　农户贫困状况描述

贫困的识别涉及两个问题：一是选择衡量消费者福利的指标，具体来说，是选择人均收入还是人均消费作为衡量福利的指标；二是如何设立合理的贫困线，即贫困标准的确定。只有当人均收入或者人均消费水平与贫困标准结合才能准确地界定贫困与非贫困人口。

对于福利的衡量指标，由于人均消费具有相对稳定性，理性的消费者不会因

为收入的一时下降而随即大幅度减少自己的消费，同样也不会因为收入的偶然增加而大幅度增加消费。而收入则具有较大的波动性，尤其是对于农户，其农业生产极易受到自然条件、市场价格的影响，自然灾害、产品价格下降都有可能使人均收入明显减少，从而使收入水平下降到贫困线以下，但其消费水平仍可能保持在贫困线之上。因此，以往的贫困研究大多数认为消费水平作为福利指标更为科学合理。但是，消费的相对稳定性也不是绝对的，一些突发事件或生命周期的变化都有可能引起消费的急剧增加，如大额医疗支出、子女上学、盖房、婚嫁支出等，尽管这些因素发生频率较低，但在我国农村地区却普遍存在。因此，消费和收入指标都具有各自的局限性，理想的做法是同时采用收入和消费作为衡量福利的指标，以观察贫困发生率以及时间变化趋势是否会随着指标的不同而发生变化。但是考虑到使用数据的局限①，本书主要选择家庭人均收入作为衡量福利的指标。

另一个问题是贫困线的划分，不同的贫困定义引出不同的贫困线，如绝（相）对贫困对应绝（相）对贫困线；主（客）观贫困对应主（客）观贫困线；等等。在此，我们利用我国官方农村贫困线和世界银行贫困线作为绝对贫困的考察标准。需要说明的是，为了剔除价格因素的影响，我们统一将当年的名义收入按照调查公布的各地价格指数调整为按 1988 年不变价格计算的收入水平②。对应的 1988 年我国官方农村贫困线为 236 元，世界银行贫困线为 368.22 元③。

接下来的问题是怎样确定贫困的程度，即贫困指数的选取。理想的贫困指数应该满足：①单调性（Monotonicity Axiom），即假定其他条件不变，贫困线以下

---

① CHNS 数据有相当丰富的收入信息，却只有部分消费支出信息，尤其缺乏农户日常消费支出信息。

② 将家庭人均收入按调查公布的 CPI 统一折算为 1988 年收入水平，然后衡量某个家庭是否贫困，这种折算方法相对于直接采用各年官方公布的贫困线来说，其缺点在于假定贫困线变化与 CPI 变化完全一致，虽然我国官方贫困线绝大多数年份是按价格指数对贫困线进行微调，但是在 1995 年采用马丁·拉维林方法后，当年贫困线上涨幅度大于农村物价指数上涨幅度，因此本书所用的方法会造成贫困线的低估，相应地导致贫困率的降低，从而低估了疾病对于贫困的影响，以及贫困对于疾病的影响。但是本书所用方法也有其可取之处。因为地区间不同的物价水平及消费品的不同会使贫困线存在地区差异，如果采用全国统一的贫困线，必然导致部分地区贫困状况的高估以及部分地区贫困状况的低估。而我们通过调查自身构建的物价指数对各年各地区的收入进行调整，充分考虑到了地区间价格差异导致的贫困标准的不同，从而保证了收入数据在时间及空间上的可比性。综合考虑，本书采用统一将收入折算后再进行贫困的衡量的方法。

③ 世界银行一天 1 美元的贫困标准是以 1985 年的国际价格衡量的；按照 1993 年的 PPP 美元测算，一天 1 美元的国际标准相当于一天 1.08 美元或每月 32.74 美元。在换算为以当年价格计算的人民币时，首先使用 1993 年 1 美元 = 1.419 元的美元与人民币之间的消费购买力平价测算，即按照 1993 年价格得出，相当于每人每年 559.4 元（1.08 × 1.419 × 365）；然后根据官方公布的农村消费价格指数得到 1988 年的贫困线。

任何一人收入的减少必定会增加贫困指数的度量；②传递性，即假定其他条件不变，贫困线以下任何一人向较富有的人转移收入必定会增加贫困指数的衡量（Sen，1976）。在各贫困指数中，最著名的是 FGT 指数，该指数是由 Foster、Greer 和 Thorbecke 于 1984 年提出来的，用公式表示为：

$$P_{\alpha} = \frac{1}{N}\sum_{i=1}^{q}\left(1 - \frac{y_i}{z}\right)^{\alpha} \quad \alpha \geqslant 0 \tag{5-1}$$

其中，N 表示样本总人数；q 表示样本中贫困总人口数；y_i 表示第 i 个贫困人口的消费支出或收入水平；z 表示贫困线；α 是个非负参数，表示贫困厌恶指数（the Poverty Aversion Parameter），α 越大，对贫困的厌恶程度越高。

当 $\alpha=0$ 时，$P_0 = \frac{q}{N}$，即贫困率发生率 H，表示贫困人口占总人口的比例，测量贫困发生的广度；当 $\alpha=1$ 时，$P_1 = \frac{1}{N}\sum_{i=1}^{q}\left(1 - \frac{y_i}{z}\right)$，即人均贫困距指数，测量贫困发生的深度；当 $\alpha=2$ 时，$P_2 = \frac{1}{N}\sum_{i=1}^{q}\left(1 - \frac{y_i}{z}\right)^2$，即加权贫困距指数（the Squared Poverty Gap Index），测量贫困发生的强度，强调的是贫困人口内部的收入分配。

FGT 指数既满足了单调性、传递性公理，又具备可分解性，并同时回答了有多少穷人、贫困的深度有多少以及贫困程度的尖锐性如何三个问题，因此在实际贫困测量中是运用最广的。本书对贫困的测度也采用 FGT 指数。

一、贫困发生率

从农村贫困发生率的演变趋势看（见表 5－12），按照我国官方农村贫困线标准，1989 年①我国农村贫困发生率为 14.52%，接下来的几轮调查显示，贫困发生率不断下降，到 2004 年已经下降到 6.68%，但 2006 年又出现反弹。从变化率来看，贫困发生率下降的速度存在波动。由于 CHNS 数据不是连续年份调查数据，因此我们所反映的贫困发生率的变动仅仅是相邻两轮调查的一个趋势，我国农村剩余贫困人口脱贫越来越难，农村贫困缓解速度放慢。

以上观察是以我国官方公布的绝对贫困线为前提的，当贫困线提高后，即采用世界银行一天 1 美元的贫困标准，世界银行贫困线相对于国家官方贫困线上调了 56%，不难看出，各调查年度贫困发生率大幅度提高，这是采用较高的贫困标准衡量我国农村居民贫困状况的一个最显著的变化。以 1993 年为例，贫困发生

① CHNS 调查的是上一年的收入，因此我们选用的是 1988 年的贫困标准，但具体分析时为了与调查年份一致，仍将其称为 1989 年、1991 年、1993 年、1997 年、2000 年、2004 年、2006 年。

表 5－12 不同贫困标准的贫困测度

	年份	P_0	变化率（%）	P_1	变化率（%）	P_2	变化率（%）
官方贫困线	1989	0.1452		0.0680		0.0464	
	1991	0.1072	－26.17	0.0438	－35.59	0.0271	－41.59
	1993	0.1028	－4.10	0.0482	10.05	0.0329	21.40
	1997	0.0819	－20.33	0.0415	－13.90	0.0314	－4.56
	2000	0.0781	－4.64	0.0435	4.82	0.0332	5.73
	2004	0.0668	－14.47	0.0399	－8.28	0.0314	－5.42
	2006	0.0688	2.99	0.0425	6.52	0.0347	10.51
世行贫困线	1989	0.2586		0.1151		0.0736	
	1991	0.2148	－16.94	0.0857	－25.57	0.0496	－32.66
	1993	0.2069	－3.68	0.0856	－0.05	0.0531	7.02
	1997	0.1448	－30.01	0.0679	－20.66	0.0454	－14.46
	2000	0.1369	－5.46	0.0663	－2.36	0.0462	1.75
	2004	0.1077	－21.33	0.0570	－14.04	0.0416	－9.99
	2006	0.1100	2.14	0.0596	4.52	0.0446	7.24

率由 10.28% 上升到 20.69%，上升了 1 倍，不限于 1993 年，其他年份在采用世行贫困线后，贫困发生率也均增加了 60% 到 1 倍不等。我国农村的贫困发生率对贫困线如此敏感，主要在于样本户家庭人均收入水平主要集中在贫困线附近。图 5－10 为 1993 年家庭人均收入为标准的人口密度函数，横坐标表示家庭人均收入，纵坐标表示与人均收入相对应的人口密度，直观地体现了样本人群家庭人均收入在贫困线附近的分布。

二、人均贫困距

在研究贫困问题时，仅关注贫困的广度是远远不够的，需要对贫困进行更加深入的综合分析。贫困距是每个贫困户的人均收入与贫困线的差额加总后除以总户数得到的指数，主要用来说明贫困户的收入水平与贫困线之间的差距及贫困的深度，它侧重于全部人口的收入分布。1989 年样本户的人均贫困距为 0.0680，2006 年下降到 0.0425，17 年间下降了 37.5%，平均每年下降 2.2%，但下降的平均速度无法掩饰发展过程中的巨大差异。从整体上看，在六轮调查年度，按照官方贫困线测度的贫困距呈现下降的趋势，但中间也存在反复与波动，基本上每隔一个调查年度出现一次反复，比如 1991 年相对于 1989 年来说，人均贫困距下降了 35.59%，而 1993 年相对于 1991 年来说，又上升了 10.05%，1997 年又开

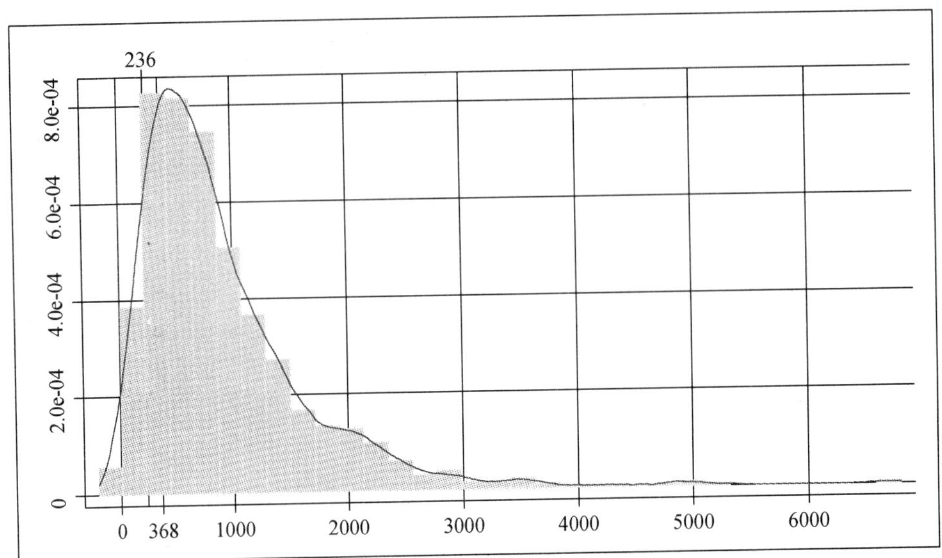

图 5－10　1993 年家庭人均收入（元）

注：236 元表示官方贫困线，368 元表示世行贫困线。

始新一轮的波动循环……不难看出，虽然贫困距下降与上升出现阶段性的反复波动，但每一个循环都是下降幅度大于上升幅度，因此，总体上样本户的贫困深度得到了改善，但这种改善能否持续仍然具有不确定性。

按照世行贫困线测度的人均贫困距从 1989 年的 0.1153 下降到 2006 年的 0.0596，而且除了 2006 年出现小幅的上升外，其他年份均呈现不断下降的趋势。

三、加权贫困距

加权贫困距赋予穷人以更大的权重，反映贫困的强度，对贫困人口内部的收入分配更加敏感。表 5－12 显示，按官方贫困线测度的加权贫困距基本上与人均贫困距的变化态势一致，即呈现阶段性的波动反复。不同的是，除了第一个周期外，其他波动周期的上升幅度大于下降的幅度，所以 2006 年相对于 1991 年来说，加权贫困距总体上升了 28%，这表明贫困农户内部的收入差距增大，或者更多贫困农户的家庭人均收入偏离贫困线。

因病致贫描述

一、因病致贫的静态分析

本书采用家庭人均收入减去人均医疗支出得出医疗费用支付后的人均收入，然后将其与贫困线进行比较，如果一个家庭处于贫困状态，则表明当扣除医疗费用后，其收入水平不能满足最基本的生存需要，不能维持必要的社会和经济活动，我们将其称为健康贫困，见表5－13。依据我国官方贫困线标准，1989年我国健康贫困发生率为14.90%，相对于贫困发生率来说提高了0.38个百分点。与贫困发生率的变化一致，在随后的几轮调查中健康贫困发生率一直表现为下降趋势，但与贫困发生率之间的差距总体上呈现波动式增大的变动趋势。在贫困线提高后，各项指标的变化规律基本一致。这说明虽然我国农村的贫困状况逐步得到缓解，农村各项反贫困政策取得了实际的效果。但是，由于农村健康保障制度的缺失以及医疗价格的急速上涨，疾病仍然是重要的致贫因素。“小康小康，一场大病全泡汤”、“救护车一响，半头牛白养；住上一次院，全年活白干”，这些通俗的民谣形象地描述了农村的现实以及农民对疾病的无奈和恐惧。因病致贫已成为影响农村经济持续发展的一大问题，严重制约了社会的和谐稳定。

表5－13 扣除医疗费用后的贫困测度（%）

年份	1989	1991	1993	1997	2000	2004	2006
贫困发生率（官方贫困线）	14.52	10.72	10.28	8.19	7.81	6.68	6.88
贫困发生率（世行贫困线）	25.86	21.48	20.69	14.48	13.69	10.77	11.00
健康贫困发生率（官方贫困线）	14.90	11.48	11.00	8.68	8.32	7.82	7.87
健康贫困发生率（世行贫困线）	26.03	22.29	21.32	14.93	14.38	11.87	12.03
相对变化（官方贫困线）	0.38	0.76	0.72	0.49	0.51	1.14	0.99
相对变化（世行贫困线）	0.17	0.81	0.63	0.45	0.69	1.10	1.03

二、因病致贫的动态过程分析

上述描述只是表明当年的医疗费用支付[illegible]福利状况的变化情况。如果一个家庭处于贫困状况，只是表明收入扣除[illegible]费用后，当期不能满足最基本的生存需要，不能维持必要的社会和经济[illegible]却不能揭示健康冲击是否会影响到家庭的持续收入能力，从而使该家[illegible]期陷入贫困状态。如果该持久效应确实存在，那么，健康冲击对家庭持[illegible]影响的期限有多长。因此，有必要利用家庭追踪面板数据来探讨这些问题[illegible]

表5-14显示了遭受健康冲击的家庭与未遭受健康冲击的家庭在次年、两年及三年后①贫困发生率的对比情况。不管是依据官方贫困线还是世行贫困线标准，在调查的第二年，遭受健康冲击家庭的贫困发生率均大于未遭受过健康冲击的家庭，而在调查的第四年，两者的差异没有统一的规律。在1989~1993年时间段内，采用官方贫困标准，基年遭受健康冲击的家庭在1993年贫困发生率为10.61%，大于未遭受健康冲击家庭的贫困发生率，但差异不大；而如果采用世行标准，情况正好相反，但是同样差异不是很大，两者仅相差1.64个百分点。在1993~1997年以及2000~2004年两个时间段内，遭受过健康冲击家庭的贫困发生率无一例外地均小于未遭受过健康冲击家庭的贫困发生率。这种分布上的不一致表明健康冲击在短期内对家庭贫困的影响要大于长期内对家庭贫困的影响。

表5-14　健康冲击后贫困发生率（%）

健康冲击年份	次年贫困发生率		两年后贫困发生率		三年后贫困发生率	
	官方贫困线	世行贫困线	官方贫困线	世行贫困线	官方贫困线	世行贫困线
1989	18.18 （11.11）	30.30 （23.39）			10.61 （10.48）	21.21 （22.85）
1991	10.65 （7.69）	23.19 （15.38）				
1993					5.66 （8.68）	7.55 （15.77）
1997			13.51 （7.69）	24.32 （14.50）		

① 次年、两年后、三年后实际表示两年后、三年后、四年后的调查，CHNS中收入为滞后一年的数据，因此以家庭人均收入衡量的贫困状况相对于调查年份来说也滞后一年。举例来说，如果1989年遭受健康冲击，则次年贫困率是以1991年调查数据测度的，三年后贫困发生率依据1993年调查数据测度，因没有1992年调查数据，故我们不能得知两年后贫困发生率。其余年份相应地以此类推。

续表

健康冲击年份	次年贫困发生率		两年后贫困发生率		三年后贫困发生率	
	官方贫困线	世行贫困线	官方贫困线	世行贫困线	官方贫困线	世行贫困线
2000					4.26 (6.17)	6.38 (10.84)
2004	8.62 (6.49)	17.24 (10.32)				

注：括号中为基年未遭受健康冲击家庭的贫困发生率。

为进一步探讨健康冲击对持久贫困的影响，接下来计算了遭受健康冲击的家庭在随后三轮调查中的贫困经历情况①，如果某个家庭仅经历过一次贫困，我们称之为“暂时贫困”或“短期贫困”；如果某个家庭经历过两次或两次以上贫困，则可以认为该家庭陷入了“持久贫困”或“长期贫困”。如表5－15所示，1989年遭受健康冲击后的家庭在随后的1991年、1993年以及1997年至少经历过一次贫困的比例为28.79%，而其中大多数家庭仅经历过一次贫困，经历过两次或三次的家庭占7.58%，这表明在遭受过健康冲击的家庭中，有7.58%会陷入长期贫困。从纵向的变化趋势来看，遭受健康冲击的家庭在随后调查中至少经历一次贫困的比例呈先下降后上升的趋势，在1997年又回复到与1989年相当的水平。

表5－15 健康冲击随后三轮调查贫困经历年限情况

贫困经历次数 / 健康冲击年份	官方贫困线			世行贫困线		
	0	1	≥2	0	1	≥2
1989	71.21 (74.82)	21.21 (20.61)	7.58 (4.57)	53.03 (54.57)	27.27 (32.08)	19.70 (13.35)
1991	80.00 (77.44)	20.00 (18.35)	0.00 (4.21)	63.08 (59.09)	36.92 (29.72)	0.00 (11.19)
1993	84.91 (80.60)	13.21 (16.12)	1.89 (3.28)	69.81 (67.40)	22.64 (25.16)	7.55 (7.44)
1997	72.97 (82.53)	21.62 (14.93)	5.41 (2.53)	64.86 (71.53)	18.92 (22.10)	16.22 (6.38)

注：括号中为基年未遭受健康冲击家庭贫困经历情况。

① 因为CHNS并不是一个连续年份的调查，连续4年调查间隔至少在8年以上，足以用来说明家庭经历的持久贫困状况。

但是各个年份也存在一致性的趋势，即因健康冲击而陷入贫困的家庭绝大多数仅是经历一次贫困，陷入长期贫困的家庭仅是小部分，1991 年遭受健康冲击的家庭中甚至没有因此而进入长期贫困的。当贫困标准提高后，遭受健康冲击家庭在随后经历过贫困的比例明显增大，相应的，暂时贫困以及持久贫困的比例也显著得到提高。因为贫困标准提高后，低于贫困线的家庭增多，这一点是毋庸置疑的。例如，1993 年遭受健康冲击家庭经历暂时贫困和持久贫困的比例相对于官方贫困标准分别上升了 9.43 个和 5.66 个百分点，变化幅度达到 71.39% 和 299.47%。当然，1997 年遭受健康冲击家庭在随后经历暂时贫困的比例虽然相对下降，但由于其经历长期贫困的比例大幅增加，因而其总体的贫困状况仍然因为贫困标准的提高而有所恶化。

综合分析健康冲击后相应年份的贫困发生率以及随后几轮调查的贫困经历情况，我们发现健康冲击更多的只是在短期内给家庭造成影响，使家庭陷入暂时性的贫困境地，而给家庭带来的长期影响要小得多。这表明，在我国农村地区，绝大多数家庭能够从健康冲击中很快恢复，仅有少部分家庭会陷入贫困的恶性循环中。

上述分析描述了遭受健康冲击家庭贫困经历的一个总体水平，为更清楚地把握疾病与贫困间相互作用的循环过程，下面我们重点描述非贫困—健康冲击—贫困的动态过程。根据 CHNS 的调查年份，我们将样本区间划分为 1989 ~ 1991 年、1991 ~ 1993 年、2004 ~ 2006 年、1989 - 1993 年、1993 ~ 1997 年以及 2000 ~ 2004 年六个时间段①，探讨对于基年在贫困线以上的家庭，随后的健康冲击对家庭状况的影响，是否会使其进一步陷入贫困，以揭示因病致贫的程度。比如 1989 ~ 1991 年的因病致贫表示 1988 年的非贫困户因 1989 年遭受健康冲击而在 1990 年陷入贫困境地。通过分析表 5 - 16，我们可以得出以下三个规律：

（1）贫困标准的提高致使因病致贫率有所下降，直接比较两种标准下的因病致贫率就可以直观地得到印证，导致这一变化的原因在于，我国农村地区大部分家庭分布于离贫困线很近的阶层，所以贫困标准提高后，贫困的动态流动性加大，使得进入贫困的户数增多，而相对来说健康冲击的家庭数变化幅度较小。这也从侧面验证了极端贫困人群更容易遭受健康冲击。

（2）我国农村因病致贫现象不断得到改善，而且时间间隔对其并没有明显的影响。在 1989 ~ 1991 年、1991 ~ 1993 年、2004 ~ 2006 年三个时间段，随着时间的靠近，官方贫困标准下的因病致贫率由 14.81% 下降到 6.12%，在采用世行标准时，或者当时间间隔变化时，仍可以得出同样的结论。

---

① 前三个时间段间隔 2 年，后三个时间段间隔 4 年。

（3）比较 1989～1991 年以及 1989～1993 年两个时间段的因病致贫率，前者均明显地大于后者，这表明健康冲击更容易使家庭在短期内陷入贫困，而在长期内的影响相对要小得多。

表 5－16　农村居民因病致贫情况

	官方贫困线		世行贫困线	
	因病致贫样本数	因病致贫率（%）	因病致贫样本数	因病致贫率（%）
1989～1991 年	8（98）	8.16	10（155）	6.45
1991～1993 年	4（94）	4.26	6（167）	3.59
2004～2006 年	3（66）	4.55	7（94）	7.45
1989～1993 年	5（95）	5.26	7（165）	4.24
1993～1997 年	3（83）	3.61	4（122）	3.28
2000～2004 年	1（60）	1.67	0（91）	0.00

注：括号中为基年非贫困户进入贫困的总样本数。

第六节　因贫致病描述

一、因贫致病的静态分析

贫困户由于收入水平不能满足最低的生活标准，更谈不上积极地进行健康投资，特别是在营养摄入方面远远不够，这势必影响到其健康状况，导致患病率的增加；另外，贫困户收入水平普遍较低，一旦发生医疗支出，即使绝对数量很小，也可能超过他们的承受能力，成为家庭的灾难性支出。

图 5－11 描述了贫困户与非贫困户遭受健康冲击的情况。很明显，纵向的变化趋势均经历先上升后下降再上升的变化规律。而比较贫困户与非贫困户的健康冲击情况发现，在各个调查年度，两种衡量标准下的贫困户的健康冲击比例均无一例外地高于非贫困户。非贫困户虽然期间存在波动，但基本上变化幅度不大，维持在一个平稳的水平，而贫困户除 1993 年、1997 年出现下降外，之后一直上升。贫困户健康冲击比例波动的幅度要远大于非贫困户，因此导致两者的差异逐渐增大。

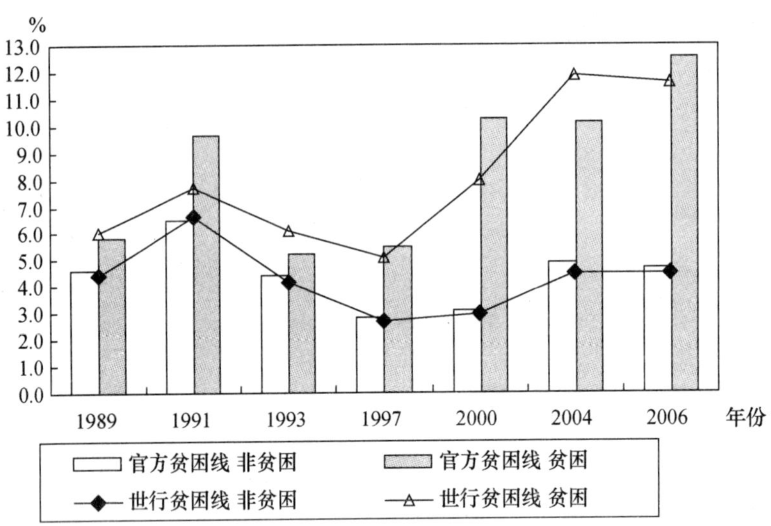

图 5-11　贫困户与非贫困户健康冲击情况

按照人力资本理论，通过投资于健康可以改善健康状况，医疗保健投资越多，个人的健康状况就会越好。但是，在农村，由于受收入水平的影响，以及农民的保健意识相对淡薄，在当前，医疗支出基本都是疾病支出，是不得已的被动消费，而不是作为健康的主动投资。因此，医疗支出越多，一定程度上表示健康状况越差。

表 5-17 显示，按官方贫困标准测度的贫困户各个年份的医疗支出绝对值除了 2004 年外，均小于非贫困户的医疗支出，而与此相反，医疗支出占家庭收入的比重则是贫困户远远大于非贫困户。这表明虽然贫困户医疗支出绝对水平相对较低，并不代表他们的医疗负担较小，只是表明贫困户的医疗需求较低，部分健康需要由于受到低下的收入水平以及高昂的医疗价格的限制不能够及时转化为有效的医疗需求，对医疗服务的利用率还有待提高。而医疗支出相对水平的差距恰恰说明了贫困户的医疗负担远远高于非贫困户，特别是在 1993 年、2000 年、2004 年以及 2006 年，医疗支出平均占比水平超过了 10%，更进一步地体现出过重的医疗负担足以给家庭带来灾难性的冲击，使家庭陷入贫病交加的恶性循环。

当采用世行较高的贫困标准衡量时，我们仍可以得出上述同样的结论，唯一发生变化的是，非贫困户与贫困户间医疗支出占比的差距减小了。这一变化从一个侧面反映出随着收入水平的提高，医疗支出占比逐渐减小，所以官方贫困标准下的非贫困户被定义为贫困户后，促使了整个贫困户群体医疗支出平均水平的下降，进一步地论证了贫困户的医疗负担相对地重于非贫困户的医疗负担。

表 5-17　贫困户与非贫困户医疗支出情况比较

	年份	医疗支出（元）		医疗支出占比（%）	
官方贫困线		贫困	非贫困	贫困	非贫困
	1989	84.65	97.16	9.67	0.72
	1991	157.37	340.99	8.62	2.29
	1993	320.87	398.80	16.89	1.38
	1997	413.06	473.92	7.23	1.02
	2000	670.57	683.08	16.91	1.25
	2004	972.36	715.94	12.35	2.82
	2006	732.82	761.19	6.03	2.08
世行贫困线		贫困	非贫困	贫困	非贫困
	1989	118.39	84.62	6.42	0.48
	1991	199.44	353.76	6.42	2.02
	1993	283.94	417.43	9.13	1.36
	1997	429.61	476.37	5.68	0.83
	2000	527.92	705.13	10.63	1.18
	2004	827.12	718.36	12.10	2.41
	2006	528.49	790.59	5.00	2.03

二、因贫致病的动态过程分析

前述关于健康冲击及家庭医疗负担的静态描述表明贫困会导致相对较高的医疗支出，其健康状况相对较差，但仅局限于当年的数据。因此，接下来，我们充分利用追踪数据的优势，探讨因贫致病的动态发展过程。同样，将调查区间分成六个时间段，将因贫致病定义为基年未受健康冲击的家庭因为贫困而随后遭遇健康冲击。如 1989～1991 年的因贫致病表示 1989 年未受到健康冲击的家庭因 1990 年的贫困，在 1991 年遭受到健康冲击。表 5-18 给出了各时间段上的因贫致病样本数及因贫致病率。首先，可以看到世行标准下的因贫致病数多于官方贫困标准下的样本数，导致因贫致病率的增大。这表明较高贫困标准下的贫困动态变化更为频繁，处于两标准线之间的贫困户同样较易受到健康冲击，具有一定的脆弱性。其次，尽管因贫致病率在调查期间存在上升与下降的波动，但上升幅度小于下降的幅度，整体上呈现下降趋势。因此总体来看，随着时间的靠近，我国农村的因贫致病情况逐步改善，但仍维持在较高的水平，缓解因贫致病仍需要付出巨大的努力。

表 5-18　农村居民因贫致病情况

年份	官方贫困线		世行贫困线	
	因贫致病样本数	因贫致病率（%）	因贫致病样本数	因贫致病率（%）
1989～1991	13（63）	20.63	18（63）	28.57
1991～1993	6（47）	12.77	14（47）	29.79
2004～2006	10（63）	15.87	15（63）	23.81
1989～1993	8（50）	16.00	17（50）	34.00
1993～1997	6（32）	18.75	10（32）	31.25
2000～2004	8（55）	14.55	16（55）	29.09

注：括号中为基年未受到健康冲击家庭在末年遭受健康冲击的总样本数。

第七节　本章小结

健康是人类的基本权利，消除健康贫困成为人类当前主要任务之一。本章首先介绍了本书的研究对象以及样本的社会人口学特征，并描述了样本区间内我国农村居民的健康状况、疾病经济负担、健康冲击以及贫困状况的变化趋势和相关特征，最后重点探讨了疾病与贫困间的相互关系及动态发展过程。通过对中国健康营养调查追踪数据的经验分析，得出以下几个结论：

（1）从静态角度分析，我国农村贫困与健康贫困状况不断得到改善，但也存在反复与波动；贫困户更易受到健康冲击，对医疗服务的有效需求不足，医疗负担过重；由于医疗保障制度的缺失以及医疗价格的高涨，疾病仍然是我国农村致贫的重要原因之一，因此克服贫困与健康贫困任重而道远。

（2）立足于动态发展过程，农村因病致贫与因贫致病的恶性循环现象逐步得到改善，健康冲击在短期内给家庭造成的影响更大，致使家庭陷入暂时性的贫困境地，而给家庭带来的长期影响要小得多，贫困标准提高后，贫困动态流动性加大，导致不同贫困标准下因病致贫与因贫致病程度的差异。

本章的结论对于制定针对性的缓解健康贫困的政策措施具有一定的启发意义。

第六章　健康冲击对贫困影响的实证分析

第一节　健康冲击对贫困的影响

一、变量选择

1. 因变量

本书的因变量为是否贫困，在第五章，分别用世行贫困线以及官方贫困线对贫困状况进行了衡量，鉴于采用两个贫困标准显示的趋势一致，因此在模型分析阶段，统一只采用官方贫困线标准，与当年家庭人均收入水平进行比较以反映农户贫困状况。若家庭处于贫困状况，则 Y =1；否则，Y =0。

2. 自变量

本节主要关注的是健康冲击对农户贫困的影响，“健康冲击”的概念沿用前述章节，是一个虚拟变量，若农户受到健康冲击，则定义为1；否则定义为0。

当然，在特定的宏观经济环境下，由于个人或家庭的异质性，家庭的贫困状况是各种微观因素综合作用的结果，是所有因素在相互影响和相互制约的互动过程中形成的一种暂时制衡的状态。在研究贫困的真实影响因素时，不仅要考虑各因素的独立作用效应，还必须充分考虑各因素相互作用的交叉作用效应。因此，在建立模型分析时，除了本书关注的健康冲击变量以外，必须加入其他控制影响因素。我们分别从个人层面、家庭层面以及社区层面三方面考虑农户贫困状况的影响因素。

（1）个人层面。户主在一般情况下是家庭的当家人和主要决策者，其思想观念、对家庭资源的配置能力以及对家庭事务的决策能力将对家庭的整体运行产生非常重大的影响，而这与其基本特征是密切相关的。因此在模型中我们引入户主的性别、年龄以及受教育程度。

户主为女性的家庭更可能表现为不完整的家庭，缺少主要的劳动力，家庭创收能力较差。由于女性生理方面的弱质性，特别是女性在经济社会方面往往被排斥，因此户主为女性的家庭更容易陷入贫困。

户主年龄在一定程度上可以反映家庭的整体年龄结构构成。由于生命周期的存在，年龄往往与文化程度、思想观念、体力状况、就业机会、社会适应能力等都具有一定的关系。年龄越高的户主，由于较低的文化程度及旧时观念影响，再加上体力的衰退，在快速变化的信息社会更不容易把握或者创造各种获取收入的机会，其就业能力及收入水平的下降预示着会增大家庭陷入贫困状况的概率。

受教育程度越高意味着人力资本积累越多，将获得更多的就业机会，适应更多的就业领域和就业岗位，从而提高劳动资源的利用率，获得更高的劳动力收益，这将会影响到个人及家庭的收入状况和贫困状况。因此我们认为，随着户主受教育程度的提高，家庭陷入贫困的可能性会越来越小。

（2）家庭层面。在家庭层面我们主要考虑家庭负担系数、家庭财富水平、农业收入比重等家庭特征对贫困的影响。

在家庭规模一定的情况下，家庭负担系数越高，家庭中参加劳动的人口就越少，即家庭收入的创造者越少，从而影响到家庭人均收入水平。另外，家庭负担人口是家庭中的纯消费者，而且年少者及年老者的消费名目相对更多，因此，家庭负担系数越大，农户陷入贫困的可能性越大。

物质资产同人力资本一样，是农户收入的重要决定因素，因此家庭拥有的物质资产的数量和价值会影响到家庭的贫困状况。根据调查内容，我们加总核算农户拥有的家用电器及家庭工具（交通工具、农业机械及商业用具）的总价值，并将其作为家庭财富变量。家庭财富对贫困状况的影响主要取决于农业机械、商业用具等生产性资产的生产能力以及交通工具、家用电器等耐用消费品的市场价值和对负向风险的防御能力。基于此，家庭财富越多，生产潜力越大，风险防范能力越强，也就越不容易陷入贫困。

变量农业收入比重反映家庭收入来源的结构。目前，随着农业剩余劳动力向非农产业转移，越来越多的农户在第一产业以外寻找收入来源，非农收入已经成为农户收入的主要手段之一，农户的收入结构更加多样化。由于农业劳动生产率相对较低，劳动力的收益也就相对较低，因此，家庭农业收入比重越大，意味着其收入来源单一，非农化程度不高，人均收入水平也越低，从而陷入贫困的可能性就越大。

（3）社区层面。社区基尼系数用来反映当地的收入差距水平。20 世纪 90 年

代以来，我国高速的经济增长有效地降低了贫困发生率，但是并不是每个人都平等地分享了经济增长的成果。Zhang 等（2006）分析发现，收入分布的恶化是农村贫困率在 20 世纪 90 年代后期有所上升的主要原因。朱农、骆许蓓（2008）利用 CHNS 数据的研究同样得出，收入不平等的扩大部分抵消了增长带来的减贫效果。因此，社区基尼系数越大，收入分配越不平等，家庭陷入贫困的概率越大，其估计系数的符号为正。

社区人均收入水平可以反映当地的经济发展水平。经济发展水平的高低不仅影响家庭获取资源的种类、数量和质量，而且会影响家庭获取经济活动的机会，从而影响到家庭的收入状况和贫困状况。另外，地区经济发展水平也可能通过当地基础设施建设及公共产品的提供影响当地农户的生活状况和贫困状况。预期该变量的符号为负，即提高当地的经济发展水平可以起到缓解贫困的效果。

社区是否经营自己企业对当地农户收入及贫困发生率有重要影响。首先，当地企业为当地农村剩余劳动力提供了就业机会，增加了收入来源，帮助农户走上致富道路；其次，当地企业可以成为二元经济的桥梁，推动农业发展，特别是一些农业龙头企业，能够通过产品链的延伸，解决农产品销售难、商品率不高等问题，带动农业产业生产效率的提高，从而帮助农户增加农业收入。因此，我们预期社区经营自己企业将有助于农户脱离贫困，这一变量的估计系数为负。

（4）地区虚拟变量。社区的其他特征，如自然环境，同样会影响到农户的生活。目前，我国的贫困户大多集中在自然环境恶劣的偏远山区。社区的地理位置、交通的便利程度，加上地形、气候、土质等均会影响到社区居民的生产及生存活动，进而影响贫困的发生。但是在调查中没有如此详细的调查资料，而且要获取所有反映这些自然环境信息的成本是巨大的。鉴于此，我们采用地区虚拟变量来解决这一问题，具体来说，如果农户处于东部地区，则取值为 1，否则为 0。因为相对来说，东部地区的各方面条件相对于中西部地区都是十分优越的，我们预期该虚拟变量的估计系数为负，即东部地区农户的贫困发生概率相对较小。

二、研究方法

1. 模型选择

本节中被解释变量农户的贫困状况，取值为 0 或者 1，是个离散变量，应选择二值响应模型（Binary Response Models）。在一个二值响应模型中，我们关注的是响应概率，即：

$$P(y = 1 | x) = P(y = 1 | x_1, x_2, \cdots, x_k) \tag{6-1}$$

式（6－1）中，x 表示所有解释变量构成的集合。为了避免线性概率模型（线性模型的 OLS 估计）存在的异方差，概率预测值不在［0，1］区间以及边际

影响为常数等问题，在实践中通常考虑形如

$$P(y=1|x)=G(\beta_0+\beta_1x_1+\cdots+\beta_kx_k)=G(\beta_0+x\beta) \quad (6-2)$$

的二值响应模型，其中 G 是一个取值范围严格介于 0～1 的函数。根据函数采用的分布形式的差异，常用的二值响应模型包括 Probit 模型（标准正态分布）、Logit 模型（逻辑分布）和 Gompit 模型（极值分布）。在此，采用 Probit 模型。

在 Probit 模型（Probit Model）中，G 是标准正态的累积分布函数，可表示为积分：

$$G(z)\equiv\Phi(z)\equiv\int_{-\infty}^{z}\phi(v)\mathrm{d}v \quad (6-3)$$

式（6－3）中，ϕ（·）为标准正态密度函数，即：

$$\phi(z)=(2\pi)^{-1/2}/\exp(-z^2/2) \quad (6-4)$$

Probit 模型可以从一个满足经典线性模型假定的潜变量模型（Latent Variable Model）推导出来。令 y^* 为一个由

$$y^*=\beta_0+x\beta+e,\quad y=1[y^*>0] \quad (6-5)$$

决定的观测不到的变量或潜变量（Latent Variable）。函数 1［·］为标示函数，括号中的事件正确时取值 1，在其他情况下取值 0。因此，当 $y^*>0$ 时，观测到 $y=1$；当 $y^*\leqslant 0$ 时，观测到 $y=0$。假定 e 独立于 x，并服从标准正态分布。由此我们可以推导出 y 的响应概率：

$$\begin{aligned}P(y=1|x)&=P(y^*>0|x)=P[e>-(\beta_0+x\beta)|x]\\&=1-\Phi[-(\beta_0+x\beta)]=\Phi(\beta_0+x\beta)\end{aligned} \quad (6-6)$$

β 可以通过对下列的似然函数应用最大似然估计（MLE）得到：

$$L=\prod_{y=1}\Phi(\beta_0+x\beta)\prod_{y=0}[1-\Phi(\beta_0+x\beta)] \quad (6-7)$$

β 表示变量 x 的微小变化带来的指数函数 $\beta'x$ 的变化，但我们更关心解释变量 x 变化 1 单位所导致的被解释变量事件发生概率的变化，即解释变量对响应概率的偏效应。当 x 是连续变量时，那么它对 $p(x)=P(y=1|x)$ 的偏效应可以通过如下偏导数得到：

$$\frac{\partial\ P(x)}{\partial\ x_j}=\phi(\beta_0+x\beta)\beta_j \quad (6-8)$$

式（6－8）表明，解释变量偏效应的大小取决于估计系数 β 以及解释变量自身的大小，同时由于在 Probit 模型中，Φ（·）是一个严格递增的 cdf，于是对所有的 z 都 $g(z)>0$，因此解释变量 x 的偏效应具有与 β_j 一致的符号。

如果 x_k 是一个二值解释变量，那么在保持其他变量不变的情况下，x_k 从 0 变化到 1 的偏效应为：

$$\Phi(\beta_0+x_1\beta_1+\cdots+x_{k-1}\beta_{k-1}+\beta_k)-\Phi(\beta_0+x_1\beta_1+\cdots+x_{k-1}\beta_{k-1}) \quad (6-9)$$

式（6－9）表示样本中具有某种属性与不具有某种属性所引起的事件发生概率的差异。

2. 解决内生性的研究方法

在分析健康冲击对贫困的影响时，我们必须考虑内生性问题。根据伍德里奇（2007），不可观测的遗漏变量、统计误差和相随相生（Simultaneity）都可以带来内生性问题。

首先，考虑到健康和贫困并不是单向的因果关系，而是一种复杂的相互影响关系。健康状况会影响收入，使家庭陷入贫困，而贫困家庭营养需求不能得到满足，反过来又会影响到健康。健康与贫困之间的"同步性"导致解释变量"健康冲击"的内生性。其次，关于遗漏变量问题，可能存在同时决定健康与贫困的相关因素，比如社会或社区的传统风俗、价值观以及由此形成的亚文化，而这些是无从测量的。

针对健康冲击与贫困之间的联立内生性问题，我们采取工具变量法进行检验和控制。有效的工具变量需满足两个条件，即与健康状况相关，但与误差项不相关。在使用工具变量法解决健康在各种经济收益决定中的内生性问题的相关研究中，研究者通常将决定健康投资的当地价格、医疗保健的可获得性和社区水平的健康投资作为外生的工具变量（Schultz，1997；2001）。结合 CHNS 调查内容，分别从家庭层面和社区层面寻找工具变量，最终使用的是一个工具变量系列，包括社区医疗价格、社区医疗可及性①、户主对膳食知识的了解情况以及家庭成员是否接受保健服务②四个工具变量。

在估计含有内生解释变量的 Probit 模型时，可以运用 Stata 软件中的 Ivprobit 命令，但是该命令仅适用连续内生解释变量情形，而在本书中，内生变量健康冲击是二值解释变量。依据伍德里奇（2007），考察包含一个二值解释变量作为内生的 Probit 模型可以表示为：

$$y_1 = 1[z_1\delta_1 + \alpha_1 y_2 + u_1 > 0] \tag{6-10}$$

$$y_2 = 1[z\delta_2 + v_2 > 0] \tag{6-11}$$

其中，(u_1, v_2) 与 z 不相关，并且其分布是两变量的正态分布，其均值为零，每一个具有单位方差，且 $\rho_1 = \mathrm{Corr}(u_1, v_2)$。如果 $\rho_1 \neq 0$，那么 u_1 与 y_2 是相关的，则式（6－10）的单一 Probit 方程估计对 δ_1 与 α_1 而言是非一致的（Greene，2003）。因此含工具变量的双变量 Probit 模型联合估计式（6－10）、式（6－11）可以得到一致估计值（Knapp 和 Seaks，1998）。

① 社区医疗价格为治疗一次感冒的社区平均价格，社区医疗可及性为到最近的医疗机构的距离。

② 接受医疗服务，譬如接受体检，一方面是一种健康投资，可以增加健康存量；另一方面对于疾病也可以早发现、早治疗，从而降低健康折旧率，减缓健康恶化的速度。

给定 z 时（y_1，y_2）的联合分布为：

$$f(y_1,y_2|z) = f(y_1|y_2,z)f(y_2|z) \tag{6-12}$$

为了得到 $P(y_1 = 1|y_2 = 1,z)$，首先注意到：

$$P(y_1|v_2,z) = \Phi[(z_1\delta_1 + \alpha_1 y_2 + \rho_1 v_2)/(1-\rho_1^2)^{1/2}] \tag{6-13}$$

由于 $y_2 = 1$ 当且仅当 $v_2 > -z\delta_2$，所以我们需要关于截尾正态分布的基本事实：如果 v_2 具有标准正态分布，且与 z 不相关，那么给定 $v_2 > -z\delta_2$ 时，v_2 密度是：

$$\phi(v_2)/P(v_2 > -z\delta_2) = \phi(v_2)/\Phi(z\delta_2) \tag{6-14}$$

因此：

$$\begin{aligned} P(y_1 = 1|y_2 = 1,z) &= E[P(y_1 = 1|v_2,z)|y_2 = 1,z] \\ &= E\{\Phi[(z_1\delta_1 + \alpha_1 y_2 + \rho_1 v_2)/(1-\rho_1^2)^{1/2}]|y_2 = 1,z\} \\ &= \frac{1}{\Phi(z\delta_2)}\int_{-z\delta_2}^{\infty}\Phi[(z_1\delta_1 + \alpha_1 y_2 + \rho_1 w_2)/(1-\rho_1^2)^{1/2}]\phi(w_2)dw_2 \end{aligned} \tag{6-15}$$

其中，w_2 表示积分虚拟自变量。$P(y_1 = 0|y_2 = 1,z)$ 正是 1 减去式（6-15），即：

$$P(y_1 = 0|y_2 = 1,z) = 1 - \frac{1}{\Phi(z\delta_2)}\int_{-z\delta_2}^{\infty}\Phi[(z_1\delta_1 + \alpha_1 y_2 + \rho_1 w_2)/(1-\rho_1^2)^{1/2}]\phi(w_2)dw_2 \tag{6-16}$$

类似地：

$$P(y_1 = 1|y_2 = 0,z) = \frac{1}{1-\Phi(z\delta_2)}\int_{-\infty}^{-z\delta_2}\Phi[(z_1\delta_1 + \alpha_1 y_2 + \rho_1 w_2)/(1-\rho_1^2)^{1/2}]\phi(w_2)dw_2 \tag{6-17}$$

$$P(y_1 = 0|y_2 = 0,z) = 1 - \frac{1}{1-\Phi(z\delta_2)}\int_{-\infty}^{-z\delta_2}\Phi[(z_1\delta_1 + \alpha_1 y_2 + \rho_1 w_2)/(1-\rho_1^2)^{1/2}]\phi(w_2)dw_2 \tag{6-18}$$

组合（y_1，y_2）的四种可能结果，连同关于 y_2 的 Probit 模型，并且取对数就可以得到最大似然分析的对数似然函数，通过最大似然估计（Maximum Likelihood Estimation，MLE）求得各参数。运用 Stata 软件中的 Biprobit 模型估计可以得出系数的最大似然估计值。

针对遗漏变量问题，由于 CHNS 是个追踪调查，能够构成面板数据（Panel Data），因此我们可以利用面板数据的回归方法控制家庭不可观察的特征因素（Omitted Variables）对计量结果的影响。

与横截面数据相似，二元选择模型通常以潜变量形式出现，记作：

$$y_{it}^{*} = x_{it}'\beta + \varepsilon_{it}, \quad \varepsilon_{it} = \gamma_i + u_{it} \tag{6-19}$$

我们观察到 $y_{it}=1$，如果 $y_{it}^{*}>0$；否则 $y_{it}=0$。其中，γ_i 为个体效应，视为固定的未知参数；u_{it} 为特质误差项，ε_{it} 为复合误差项，$E(\varepsilon_{it})=0$，$\mathrm{Var}(\varepsilon_{it})=1$，而且复合误差项独立于（$x_{i1}$，$x_{i2}$，…，$x_{iT}$）。假定所有的 ε_{it} 都是独立的，则：

$$f(y_{i1},y_{i2},\cdots,y_{iT}|x_{i1},x_{i2},\cdots,x_{iT},\beta) = \prod_t f(y_{it}|x_{it},\beta) \tag{6-20}$$

假定 u_{it} 无论从时间维度还是横截面维度来说都是独立的，则联合概率密度函数：

$$\begin{aligned} & f(y_{i1},y_{i2},\cdots,y_{iT}|x_{i1},x_{i2},\cdots,x_{iT},\beta) \\ & = \int_{-\infty}^{+\infty} f(y_{i1},y_{i2},\cdots,y_{iT}|x_{i1},x_{i2},\cdots,x_{iT},\gamma_i,\beta)f(\gamma_i)\mathrm{d}\gamma_i \\ & = \int_{-\infty}^{+\infty} \left[\prod_t (f(y_{it}|x_{it},\gamma_i,\beta))\right]f(\gamma_i)\mathrm{d}\gamma_i \end{aligned} \tag{6-21}$$

假定 ε_{i1}，ε_{i2}，…，ε_{iT} 服从联合正态分布，期望为0，方差为1，$\mathrm{Cov}(\varepsilon_{it},\varepsilon_{is}) = \sigma_\gamma^2$，$s \neq t$，这表示 $\gamma_i \sim NID(0, \sigma_\gamma^2)$，$u_{it} \sim NID(0, 1-\sigma_\gamma^2)$，进行标准化，得到条件概率函数为：

$$f(y_{it}|x_{it},\gamma_i,\beta) = \begin{cases} \Psi\left(\dfrac{x_{it}'\beta + \gamma_i}{\sqrt{1-\sigma_\gamma^2}}\right), & y_{it} = 1 \\ 1 - \Psi\left(\dfrac{x_{it}'\beta + \gamma_i}{\sqrt{1-\sigma_\gamma^2}}\right), & y_{it} = 0 \end{cases} \tag{6-22}$$

ψ 表示累积的标准正态分布函数，γ_i 的概率密度函数为：

$$f(\gamma_i) = \frac{1}{\sqrt{2\pi\sigma_\gamma^2}}\exp\left(-\frac{1}{2}\frac{\gamma_i^2}{\sigma_\gamma^2}\right) \tag{6-23}$$

三、实证分析结果

1. 样本描述

表6－1对七轮调查中若干变量的均值进行了简单描述，从中可以看出一些比较明显的变化趋势。贫困发生率基本呈下降趋势，而健康冲击比例除了1997年及2000年外相对比较稳定，这从某种程度上也说明了可能遭受健康冲击的家庭长期固定于部分农户。户主年龄的变化幅度与调查间隔期间基本一致，说明了样本存在“老化”的现象。家庭财富的价值呈上升趋势，而农业收入比重及家庭负担系数则呈下降趋势。社区人均收入及基尼系数的上升趋势则表明一方面我国农村经济发展水平不断提高，但另一方面农村内部的收入分配也更加不均等。

表 6 - 1　七轮调查各主要变量均值

年份	1989	1991	1993	1997	2000	2004	2006
贫困与否	0. 1421	0. 1591	0. 1091	0. 1117	0. 1142	0. 0795	0. 0829
健康冲击	0. 0558	0. 0558	0. 0448	0. 0313	0. 0398	0. 0491	0. 0567
户主年龄	41. 97	43. 84	45. 61	49. 16	51. 54	55. 42	57. 45
家庭财富	971. 82	1763. 18	2601. 46	5676. 22	7244. 75	7967. 60	11125. 6
农业收入比重	62. 45	60. 48	55. 49	51. 64	42. 01	44. 94	41. 29
家庭负担系数	0. 32	0. 31	0. 30	0. 27	0. 25	0. 22	0. 22
社区人均收入	816. 30	841. 59	1131. 35	2526. 80	3018. 96	3864. 82	4658. 40
基尼系数	0. 37	0. 33	0. 35	0. 37	0. 41	0. 41	0. 43
是否经营自己企业	0. 60	0. 49	0. 52	0. 47	0. 36	0. 21	0. 21

按照官方贫困标准，我们将所有样本分为贫困户与非贫困户，表 6 - 2 显示了主要解释变量的两样本的均值及标准差信息，并就两者的差异进行了单因素方差检验。统计结果显示，贫困户遭受健康冲击的比例远远大于非贫困户，并且差异通过了显著性检验。除了健康冲击外，贫困户与非贫困户样本的户主受教育程度、家庭农业收入比重、负担系数、所在社区的人均收入水平、基尼系数、是否经营自己企业以及地区分布均存在显著差异，贫困户户主的受教育程度、社区人均收入明显低于非贫困户，而家庭农业收入比重、负担系数以及社区基尼系数却高于非贫困户，同时贫困户所在社区经营自己企业的比例及处于东部省份的比例也小于非贫困户。然而，两独立样本的户主性别、年龄以及家庭财富水平的差异并不明显。当然，各变量对贫困的影响还要通过计量模型在控制其他变量的前提下进行分析。

表 6 - 2　解释变量的描述性统计分析

	贫困户		非贫困户		单因素方差检验
	均值	标准差	均值	标准差	F 值
健康冲击	0. 09	0. 289	0. 04	0. 200	46. 868 ***
户主性别	0. 90	0. 302	0. 88	0. 322	2. 052
户主年龄	48. 71	14. 095	49. 14	12. 756	0. 888

续表

	贫困户		非贫困户		单因素方差检验
	均值	标准差	均值	标准差	F 值
户主年龄平方	2571.1	1465.79	2577.2	1316.97	0.017
户主受教育程度	5.11	3.579	6.17	3.676	68.174***
家庭财富	4437.01	24230.4	5495.75	17481.0	2.515
农业收入比重	76.21	37.576	48.28	38.450	399.837***
家庭负担系数	0.337	0.283	0.260	0.265	70.811***
社区人均收入	1496.45	1356.67	2525.75	2016.954	232.299***
基尼系数	0.424	0.104	0.374	0.096	215.768***
是否经营自己企业	0.36	0.481	0.41	0.493	9.052***
东部地区	0.20	0.404	0.28	0.449	23.771***

2. Probit 模型回归结果

本部分重点考查在控制相关影响因素的基础上健康冲击对贫困的影响。我们一共回归了两个方程，第一个方程仅包括健康冲击及其他控制变量，第二个方程中加入了年份虚拟变量与健康冲击的交互项，以分析不同时期健康冲击对贫困影响的差异。表 6－3 给出了 Probit 模型的回归结果，表中第 2、3 列对应第一个回归方程的回归系数及变量边际影响，第 4、5 列对应第二个方程的回归系数及变量边际影响。两个模型总体回归比较理想。

表 6－3　贫困影响因素的 Probit 模型回归结果

	模型一		模型二	
	Coef	Dy/Dx	Coef	Dy/Dx
健康冲击	0.5255***	0.0845	0.1408	0.0173
1991 年 * 健康冲击			0.2361	0.0314
1993 年 * 健康冲击			0.0015	0.0002
1997 年 * 健康冲击			0.5167	0.0843
2000 年 * 健康冲击			0.8071***	0.1584
2004 年 * 健康冲击			0.4695	0.0741
2006 年 * 健康冲击			0.8247***	0.1632
户主性别	－0.0699	－0.0078	－0.0653	－0.0072

续表

	模型一		模型二	
	Coef	Dy/Dx	Coef	Dy/Dx
户主年龄	-0.0043	-0.0005	-0.0050	-0.0006
户主年龄平方	0.0001	0.0000	0.0001	0.0000
户主受教育程度	-0.0166**	-0.0019	-0.0166**	-0.0018
家庭财富	-0.0981***	-0.0110	-0.0975***	-0.0108
农业收入比重	0.0089***	0.0010	0.0090***	0.0010
家庭负担系数	0.4672***	0.0524	0.4708***	0.0523
社区人均收入	-0.4460***	-0.0500	-0.4640***	-0.0515
基尼系数	1.4511***	0.1627	1.4333***	0.1591
是否经营自己企业	-0.0073	-0.0008	-0.0001	0.0000
东部地区	-0.0676	-0.0078	-0.0685	-0.0078
常数项	2.7509***		2.8876***	
Log Likelihood	-1885.768		-1878.4325	
LR Chi2	912.80		927.47	
Prob > Chi2	0.0000		0.0000	
Pseudo R2	0.1949		0.1980	

注：***表示在1%的水平上显著；**表示在5%的水平上显著。

由表6-3可以发现，健康冲击对农户家庭贫困的影响为正，并且在1%的置信水平上显著，其边际概率为0.0845，表明遭受过健康冲击的农户陷入贫困的概率比未受过健康冲击农户增加8.45%，这与我们的预期是一致的，证实了“因病致贫”效应的存在。另外，健康冲击与各年份的交互变量的回归系数均为正，表明不同年份，健康冲击对贫困的影响程度是不同的，总体呈现年份越靠近，影响越大的趋势，且2000年及2006年与健康冲击的交互项通过了显著性检验，进一步证实了目前健康冲击对贫困的影响相对于过去来说更加严重。

其他解释变量除户主性别、年龄及年龄平方外均通过了显著性检验，且各变量与预期作用方向一致，符合理论假说，由于并不是本书关注的重点，因此在此我们不再详细阐述。

3. Biprobit 及 Xtprobit 模型回归结果

考虑健康冲击变量的内生性，我们利用CHNS的面板数据信息进行了回归。表6-4中第2、第3列是Stata软件中Xtprobit命令的回归系数及边际概率。

Xtprobit模型认为不可观察的随机效应是重要的，选择 Xtprobit 模型还是 Probit 模型的准则是考察 Likelihood - ratio Test of Rho =0 所对应的显著性水平，若显著性水平超过10%，则选择 Probit 模型；否则选择 Xtprobit 模型。从表6 -4 下方的检验结果来看，拒绝原假设，这说明不能忽略不可观测变量的影响，因此应选择 Xtprobit 模型。回归结果表明健康冲击对农户贫困状况同样具有正向影响，与 Probit 模型不同的是，控制不可观测效应后，健康冲击对贫困影响的边际概率为 0.0874，增加了 0.0029。其他解释变量对贫困的影响基本没有发生变化。

接着，通过工具变量法对健康冲击的内生性问题进行了控制，鉴于内生变量是二值变量，因此采用 Stata 软件中的 Biprobit 命令进行了回归，表 6 -4 中第 4、第 5 列为回归系数和边际概率。

模型回归的 Likelihood - ratio Test of ρ（e; u） =0 的卡方值为 44.3104，且在 1% 的水平上显著。Knapp 和 Seaks（1998）指出 $\rho_1 = 0$ 的似然比检验（Likelihood Ratio Test）可以视为 Hausman 内生性检验，伍德里奇（2007）也指出检验 y_2 外生性的最有效的检验是 $\rho_1 = 0$ 的得分检验。因此我们认为健康冲击变量确实存在内生性。

分析 Biprobit 模型的回归结果，所有解释变量估计的系数符号与 Probit 和 Xtprobit模型的系数一致，而且各控制变量对农户贫困的边际影响变化也不大，唯一不同的是健康冲击对贫困影响的边际概率明显增大，这表明在不考虑内生性的情况下，健康冲击对贫困的影响被严重低估了。

表 6 -4 考虑内生性的模型回归结果

	Xtprobit		Biprobit	
	Coef	Dy/Dx	Coef	Dy/Dx
健康冲击	0.5371 ***	0.0874	2.3678 ***	0.7206
户主性别	0.0650	0.0067	0.0951	0.0121
户主年龄	-0.0033	-0.0003	0.0035	0.0121
户主年龄平方	0.0001	0.0000	0.0000	0.0000
户主受教育程度	-0.0167 **	-0.0017	-0.0165 **	-0.0021
家庭财富	-0.0964 ***	-0.0100	-0.0883 ***	-0.0113
农业收入比重	0.0093 ***	0.0010	0.0091 ***	0.0012
家庭负担系数	0.4710 ***	0.0488	0.4357 ***	0.0557
社区人均收入	-0.4584 ***	-0.0475	-0.4048 ***	-0.0517
基尼系数	1.4835 ***	0.1536	1.4073 ***	0.1797
是否经营自己企业	-0.0185	-0.0019	0.0070	0.0009

续表

	Xtprobit		Biprobit	
	Coef	Dy/Dx	Coef	Dy/Dx
东部地区	-0.0710	-0.0075	-0.1236**	-0.0165
常数项	2.7816***		2.1834***	
Log Likelihood	-1882.7616		-2967.2853	
Wald Chi2	618.11		1193.32	
Prob > Chi2	0.0000		0.0000	
Likelihood - ratio Test of Rho = 0	Chibar2 (01) = 6.01 Prob ≥ Chibar2 = 0.007			
Likelihood - ratio Test of ρ (e; u) = 0			Chi2 (1) = 44.3104 Prob > Chi2 = 0.0000	

第二节　健康冲击对动态贫困的影响

传统的贫困研究主要集中于静态角度，侧重于衡量某个家庭或个体在特定时间段疾病对贫困的影响。这种静态的研究角度存在很多问题，首先不能提供受疾病的影响，家庭或个人处于贫困状态时间长短的信息。疾病风险将直接影响其当期收入，当期收入水平的下降不仅意味着当年该农户可能陷入贫困，而且如果农民缺少风险管理策略，抵御风险的能力较弱，在穷尽各种风险管理措施后仍不能应对负向的风险冲击，那么其长期的生产能力或者收入能力就会受到影响，从而加大了在以后遭遇贫困的可能性，甚至长期处于贫困状态。静态的贫困研究并不能揭示这一动态的过程。同样，静态的研究也不能区分观察到的总体贫困是相同的贫困户还是不同的贫困户，即对于贫困水平的变化，静态的分析并不能识别是由于单一的新的贫困户增加或原有的贫困户减少，还是由于新贫困户增加及原有贫困户减少两者相对交互作用的结果，所以也就不能提出具有针对性的反贫困政策措施。因此，需要从动态的视角研究疾病冲击与贫困之间的关系，以便为反贫困政策提供更精准的信息。

回顾以往研究，我们发现关注健康对动态贫困影响的实证研究很少。Jalan和Ravallion（1998）对我国农村的研究发现家庭成员的健康不良是长期贫困，而不是暂时贫困的关键决定因素。Sen（2003）利用孟加拉国的面板数据发现疾病

是家庭陷入贫困的重要因素之一，同时 Dercon（2003）对埃塞俄比亚的研究也得出贫困者不同程度地遭受过健康冲击的结论。在这些研究中，健康并不是其关注重点，而本节的目的在于以我国农村居民为研究对象，通过计量模型集中探讨健康冲击对动态贫困的影响。另外，与以往研究不同的是，将动态贫困分为从不贫困、进入贫困、退出贫困以及持续贫困四个类型，并同时考虑了短期内与长期内的贫困动态变化，分析健康冲击对不同期限内贫困动态变化的影响。

本节所用数据选取 CHNS 1989～1991 年以及 2000～2004 年两个时间段①，通过样本匹配建立研究的基本数据库，经过对样本的匹配，1989～1991 年的面板数据样本数为 2202，2000～2004 年的面板数据样本数为 2323。

一、动态贫困描述

某个时间段内贫困的动态变化过程，可以分为从不贫困、进入贫困、退出贫困以及持续贫困四类②。为比较不同贫困标准对贫困动态变化的影响，同时采用了官方贫困线以及世行贫困线两个贫困测度指标③。表 6－5 给出了 1989～1991 年以及 2000～2004 年两个时间段内的贫困动态变化情况。1989～1991 年，按照官方贫困线标准，77.52% 的农户从未经历过贫困，即 22.48% 的家庭至少经历过一次贫困，其中退出贫困与进入贫困的比例分别为 11.81% 和 7.77%，持续贫困的农户比例仅有 2.91%。这充分说明了我国农村普遍存在退出贫困与进入贫困并存的现象，贫困的流动性水平较高。由于农户较易受到偶然性因素的影响，比如自然、市场价格的波动、偶尔的疾病治疗，造成某一年份收入的减少或消费支出的增多，表现为在某一年份处于贫困状态。由于这些偶然性的因素不会持续太久，从而使农户的收入或消费水平迅速恢复到原来的正常水平，因此进入贫困与退出贫困的比例明显高于持续贫困的比例。贫困标准提高后，从不贫困的农户比例为 61.72%，即至少经历过一次贫困的农户比例上升了近 17 个百分点。相应地，进入贫困、退出贫困以及持续贫困的比例均呈现不同程度的上升。这表明当采用较高的贫困标准后，农村贫困动态变化幅度更大，但同样更多地表现为偶尔的陷入贫困状况，持续贫困的比例仍然小于暂时性贫困的比例。

① 选取这两个时间段一方面考虑到时间的间隔，第一个时间段间隔 2 年，后一个时间段间隔 4 年，通过比较可以反映出健康冲击对短期以及长期的动态贫困的影响有何不同；另一方面从时间的先后考虑，1989～1991 年反映了 20 世纪 90 年代初的情况，而 2000～2004 年可以反映最新的情况，从而分析健康冲击在过去与现在对动态贫困的影响有何不同。

② 从不贫困表示基期和末期均为非贫困户；退出贫困表示基期为贫困户，末期为非贫困户；进入贫困表示基期为非贫困户，末期为贫困户；持续贫困表示基期和末期均为贫困户。

③ 1988 年、1990 年、1999 年、2003 年我国官方农村贫困线分别为 236 元、300 元、625 元、637 元，世界银行贫困线为按 1993 年购买力平价折算的 1 天 1.08 美元标准。

表 6-5　1989～1991 年及 2000～2004 年贫困动态变化描述

	1989～1991 年				2000～2004 年			
	官方贫困线		世行贫困线		官方贫困线		世行贫困线	
	频数	百分比	频数	百分比	频数	百分比	频数	百分比
从不贫困	1707	77.52	1359	61.72	2020	86.96	1818	78.26
退出贫困	260	11.81	370	16.80	151	6.50	253	10.89
进入贫困	171	7.77	263	11.94	131	5.64	194	8.35
持续贫困	64	2.91	210	9.54	21	0.90	58	2.50
合计	2202	100	2202	100	2323	100	2323	100

从较长的时间间隔 2000～2004 年来看，相对于前一时间段，不管采用官方的还是世行的贫困标准，我们发现：

（1）贫困动态变化的流动性相对减小，这从以下两个方面可以得到证实：第一，从不贫困的农户比例相对提高，与此对应，至少经历过一次贫困的农户比例相对下降。第二，农户进入贫困与退出贫困的比例也出现下降。如在官方贫困标准下，至少经历过一次贫困的比例下降为 13.04%，下降了近一半。退出贫困和进入贫困的比例下降为 6.5% 和 5.64%，下降幅度分别为 45% 和 27%。

（2）持续贫困比例的下降进一步验证了农户贫困更多表现为暂时贫困。以贫困标准为例，时间间隔的延长大大减小了农户两次均处于贫困状态的可能性，持续贫困的比例下降为 0.9%，降幅高达 69%。这表明农户在受到负向冲击陷入贫困后，通过动用消费平滑机制，动用储蓄、借贷等措施能有效地应对偶尔的风险冲击，迅速恢复到原来的收入水平。当然，上述贫困比例的下降也得益于我国农村总体贫困状况的缓解，相对于 20 世纪 80 年代末 90 年代初，农村经济发展水平不断提高，农民生活水平普遍得到改善，农村各项反贫困政策取得了实际的效果。

贫困意味着收入的低下，而贫困的动态变化也直接表现为收入的上升与下降，因此，我们首先从收入角度，通过绝对数量水平直观地认识健康冲击的负面影响。表 6-6 描述了遭受健康冲击后家庭人均收入以及总净收入情况，数据显示，受过健康冲击的家庭人均收入及总净收入均无一例外地小于未受过健康冲击的家庭。比较两个不同的时期，可以发现 2000～2004 年受过健康冲击家庭与未受过健康冲击家庭的家庭人均收入及总净收入通过了方差检验，说明两者之间差异较显著，而 1989～1991 年则没有通过显著性检验。而且，2000～2004 年受过健康冲击家庭与未受过健康冲击家庭的收入差距相对较大。

表 6-6　健康冲击后家庭收入情况

		家庭人均收入	家庭总净收入	人均收入（不变价格）	家庭总净收入（不变价格）
1989～1991 年	未受过健康冲击	928.71	3596.93	833.51	3240.32
	受过健康冲击	833.54	3393.69	757.72	3093.52
	F 值	1.77	0.554	1.424	0.362
2000～2004 年	未受过健康冲击	4328.71	13882.75	1886.11	6088.35
	受过健康冲击	3328.65	9445.95	1455.31	4141.44
	F 值	3.676*	7.554***	3.997**	8.227***

注：F 值表示单方差分析结果，所有结果都满足方差齐次性假设。

表 6-7 进一步比较了单个家庭在基期与末期收入的变化情况，不同家庭末期的人均收入水平和总收入水平都有不同程度的增加，但受过健康冲击家庭的收入增加水平明显小于未受过健康冲击家庭的增加水平。在剔除价格因素的影响后，我们发现在 1989～1991 年，受过健康冲击家庭的人均收入和总净收入都有所下降，而在 2000～2004 年，虽然末期收入水平仍高于基期，但是受过健康冲击家庭的收入上升水平远远小于未受过健康冲击的家庭。

表 6-7　健康冲击前后家庭收入变化情况

		家庭人均收入变化	家庭总净收入变化	家庭人均收入变化（不变价格）	家庭总净收入变化（不变价格）
1989～1991 年	未受过健康冲击	64.15	20.60	80.22	-77.31
	受过健康冲击	41.17	3.87	-29.74	-165.55
	F 值	0.048	0.028	0.04	0.026
2000～2004 年	未受过健康冲击	1123.27	386.14	2512.44	736.22
	受过健康冲击	830.39	324.29	1155.73	393.91
	F 值	0.305	0.072	0.714	0.234

注：F 值表示单方差分析结果，所有结果都满足方差齐次性假设。

表 6-6、表 6-7 数据表明：

（1）相对于过去来说，健康冲击给家庭造成的收入负效应更大。虽然我国经济持续高速增长，但是收入差距的增大，医疗资源供给的不平衡，医疗价格的急速上涨以致医疗服务超过农村居民的购买能力，以及医疗保障制度的缺失，这些因素扩大了农村居民的健康脆弱性，同时也加大了健康冲击给家庭收入带来的负面影响。

（2）健康冲击不仅在短期内造成家庭收入的下降，而且会影响家庭的长期收入水平。健康冲击首先意味着人力资本的下降，从而对收入获取能力产生影响，并可能产生“配对效应”，即收入越低，越容易遭受健康冲击，健康冲击又致使收入水平下降，从而形成恶性循环。

以上分析描述的仅是总体概况，而且没有考虑到其他因素的影响，为精确地探讨健康冲击对家庭动态贫困的影响，需要进一步通过建立计量模型进行分析。

二、模型选择、变量设置

本节主要通过建立计量模型，考察健康冲击对家庭贫困动态变化的影响，模型的形式表示为：

$$Y=f(H, X, \Delta X, D) \tag{6-24}$$

Y 表示特定时间段内贫困的动态变化过程，分为从不贫困、进入贫困、退出贫困以及持续贫困四类，分别赋以0、1、2、3。由于彼此之间不存在高低顺序之分，因此，对于该类无序多值的响应变量，可以选择多元 Logit 模型（Multinomial Logit Model，MLM），逻辑上，MLM 可视为一系列的二元 Logit 模型（Binary Logit Model，BLM），实际就是用多个 BLM 来描述各个类别与参照类别相比较时的作用大小。但使用 MLM 估计会更具效率性。

本书以从不贫困作为对照，则多元 Logit 模型形式为：

$$\mathrm{logit}P_{1/0}=\ln\left[\frac{P(Y=1|x)}{P(Y=0|x)}\right]=\alpha_1+\beta_{11}H+\beta_{12}X+\beta_{13}\Delta X+\beta_{14}D \tag{6-25}$$

$$\mathrm{logit}P_{2/0}=\ln\left[\frac{P(Y=2|x)}{P(Y=0|x)}\right]=\alpha_2+\beta_{21}H+\beta_{22}X+\beta_{23}\Delta X+\beta_{24}D \tag{6-26}$$

$$\mathrm{logit}P_{3/0}=\ln\left[\frac{P(Y=3|x)}{P(Y=0|x)}\right]=\alpha_3+\beta_{31}H+\beta_{32}X+\beta_{33}\Delta X+\beta_{34}D \tag{6-27}$$

式（6-25）~式（6-27）分别表示进入贫困、退出贫困、持续贫困与从不贫困相比的 Logit 函数，据此也可以得出进入贫困、退出贫困、持续贫困两两相比的 Logit 函数为两个模型之差。例如，持续贫困与退出贫困相比的 Logit 函数可以表示为：

$$\begin{aligned}\mathrm{logit}P_{3/2}&=\ln\left[\frac{P(Y=3|x)}{P(Y=2|x)}\right]=\ln\left[\frac{P(Y=3|x)\ P(Y=0|x)}{P(Y=0|x)\ P(Y=2|x)}\right]\\&=\ln\left[\frac{P(Y=3|x)}{P(Y=0|x)}\right]-\ln\left[\frac{P(Y=2|x)}{P(Y=0|x)}\right]\end{aligned} \tag{6-28}$$

即多元 Logit 模型的响应概率为：

$$P(Y=j|x)=\frac{e^{\beta_j x}}{1+\sum_{h=1}^{3}\exp\beta_h x},\quad j=1,2,3 \tag{6-29}$$

因为响应概率之和必为 1，所以：

$$P(Y=0|x)=\frac{1}{1+\sum_{h=1}^{3}\exp\beta_h x} \tag{6-30}$$

对于多元 Logit 模型来说，其偏效应是复杂的，如果 x_k 是连续变量，则其对概率的边际影响为：

$$\frac{\partial\ P(Y=j|x)}{\partial\ x_k}=P(Y=j|x)\{\beta_{jk}-[\sum_{h=1}^{3}\beta_{hk}\exp(\beta_h x)]/g(x,\beta)\} \tag{6-31}$$

其中，β_{hk}表示 β_h 的第 k 个元素，而 $g(x,\beta)=1+\sum_{h=1}^{3}\exp(\beta_h x)$。式（6－31）表明，边际效应的方向并不能由 β_{jk}完全确定。

由于 MLM 是非线性模型，因此用最大似然估计法（Maximum Likelihood Estimation，MLE）估计参数。对于每个 i，条件对数似然表示成：

$$l_i(\beta)=\sum_{j=0}^{3}1[Y_i=j]\log[P_j(x,\beta)] \tag{6-32}$$

通过最大化 $\sum_{i=1}^{N}l_i(\beta)$ 估计出系数 β。

McFadden（1974）和 Amemiya（1981）指出应用多元 Logit 模型必须满足的假设前提是选择项的独立无关性（Independence from Irrelevant Alternatives，即 IIA 假设），即选择项之间是独立无关的，无论加入新的选择项还是减少选择项，都不会影响对原有结果之间的比较。如果不能满足这一假设，则不能采用多元 Logit 模型回归，继而选择嵌套 Logit（Nested Logit）模型，因为该模型放松了 IIA 假设，允许各选择项之间存在相关性。Hausman 和 McFadden（1984）提出可以用 Hausman 检验多元 Logit 模型是否满足选择项的独立无关的假设，其检验方法是在包含全部选择项的模型回归后，再随意去掉一个或多个选择项建立一个限制模型进行回归，然后根据 Hausman 检验的统计量检验两个模型的差异。Hausman 统计量为：

$$H=(\hat{b}-B)'[(V\_b-V\_B]\text{^}(-1)](\hat{b}-B) \tag{6-33}$$

其中，$\hat{b}$和 B 分别是两个模型系数的估计值，V_b 和 V_B 分别是对应的渐进协方差矩阵的估计量。该统计量服从 χ^2 分布，如果不能拒绝原假设，说明两个方程的估计参数不存在显著的系统差异，选择项之间满足独立无关的假设，采用多元 Logit 模型是有效的。

因此，本书在进行模型回归时，将首先根据 Hausman 统计量检验 IIA 假设条件，如果选择项之间满足独立无相关性假设，则认为多元 Logit 模型是有效的；否则，则采用嵌套 Logit 模型。

式（6-24）中，H 表示家庭健康冲击变量，这是本书关注的主要变量。另外，在分析健康冲击对贫困的影响时，医疗价格及医疗可及性是必须考虑的因素，医疗价格越高，意味着看病成本越高，医疗负担越重，对贫困的影响越大；而医疗可及性直接影响农户看病的间接成本，从而影响到贫困状况。但两者只对患病家庭才会产生影响，因此通过引入健康冲击与医疗价格以及健康冲击与医疗可及性的交互项来反映医疗价格及医疗可及性对贫困动态变化的影响。本书采用治疗一次感冒的费用作为医疗价格的代理变量，该种方法已在很多研究中被使用（如赵忠，2005；封进，2006）；采用通常看病的医疗机构的单程时间作为医疗可及性的代理变量。

除此以外，本书还控制了影响贫困动态变化的其他家庭特征及地区特征因素，将其分为随时间变化及不随时间变化两大类。

X 表示随时间变化的相关变量，包括家庭财富水平、农业收入占家庭总收入的比重以及家庭负担系数。ΔX 表示其一阶差分，即末期与基期的差值，分别对应 X 的变化情况。

D 表示不随时间变化的变量，主要包括两大类。第一组包括户主性别、户主年龄，以及户主的受教育年限等家庭人口特征。第二组为地理特征及农村公共服务变量。从贫困分布的区域性特征来看，西部地区是我国贫困人口主要集中地，贫困发生率相对较高。因此贫困的动态变化同样存在着地区差异，我们将调查样本中的九个省份分为东、中、西部①，以西部地区为参照，设置东部以及中部地区虚拟变量作为控制变量。

表6-8　变量描述

变量定义		1989~1991年		2000~2004年	
		Mean	S. D	Mean	S. D
illness	是否受过健康冲击，是=1，否=0	0.05	0.217	0.04	0.185
price * illness	医疗价格与健康冲击的交互项	0.25	1.45	0.68	5.035
time * illness	医疗可及性与健康冲击的交互项	1.09	9.66	0.57	3.909
gender	户主性别，男性=1；女性=0	0.88	0.322	0.89	0.310
age	户主年龄	42.72	13.10	49.07	12.81

① 东部包括辽宁、江苏、山东；中部包括黑龙江、河南、湖北、湖南；西部包括广西、贵州。需要说明的是，按照传统的经济地带划分方法，广西属于东部地区，但是，由于广西的经济社会发展水平相对落后，其人均国内生产总值的水平相当于西部省份的平均状况，在2000年被划入西部大开发的范围，因此本书将广西归为西部地区。

续表

变量定义		1989~1991 年		2000~2004 年	
		Mean	S. D	Mean	S. D
age^2	户主年龄平方	1996. 8	1234. 5	2572. 5	1328. 9
edu	户主受教育年限	5. 65	3. 74	6. 89	3. 655
east	地区虚拟变量，东部地区 =1，其他地区 =0	0. 38	0. 486	0. 32	0. 468
middle	地区虚拟变量，中部地区 =1，其他地区 =0	0. 38	0. 485	0. 44	0. 496
wealth	家庭财富水平三等分组，富裕 =3，中等 =2，贫穷 =1	1. 96	0. 824	1. 96	0. 818
ratio_ agri	农业收入在家庭总收入中比重	53. 27	41. 50	39. 18	39. 12
burden	家庭负担系数，家庭中小于 14 岁及大于 65 岁的人数占家庭总人口的比重	0. 32	0. 233	0. 25	0. 269
Δwealth	家庭财富水平变化	-0. 002	0. 729	0. 02	0. 832
Δratio_ agri	农业收入比重变化	-1. 69	30. 45	3. 41	36. 33
Δburden	家庭负担系数变化	-0. 003	0. 140	-0. 02	0. 242

三、模型分析

表 6-9 和表 6-10 分别给出了 1989~1991 年以及 2000~2004 年两个不同时间段内贫困动态变化的多元 Logit（Multinominal Logistic）回归结果。Hausman 检验结果表明，不能拒绝多元 Logit 模型参数无系统性差异的假设，表明各选择项之间满足独立无相关假设，因此，多元 Logit 模型是有效的。另外，模型的联合检验表明，卡方值在 1% 的水平上显著，模型总体通过了显著性检验，具有统计意义。

表 6-9 1989~1991 年贫困动态变化的多元 Logit 回归结果

	退出贫困		进入贫困		持续贫困	
	系数	rrr	系数	rrr	系数	rrr
健康冲击	-0. 1881*	0. 8285	0. 2169**	1. 2422	0. 4421***	1. 5559
医疗价格 * 健康冲击	-0. 0593	0. 9424	0. 0326	1. 0331	0. 0250	1. 0254
医疗可及性 * 健康冲击	-0. 0011	0. 9989	0. 0042	1. 0042	0. 0079	1. 0079
户主性别	0. 1421	1. 1527	-0. 0814	0. 9218	1. 4506	4. 2657
户主年龄	0. 0369	1. 0376	-0. 0141	0. 9860	-0. 0552	0. 9463
户主年龄平方	-0. 0003	0. 9997	0. 0002	1. 0002	0. 0002	1. 0002

续表

	退出贫困		进入贫困		持续贫困	
	系数	rrr	系数	rrr	系数	rrr
受教育程度	0.1714 *	1.6425	-0.0169	0.9833	-0.6907 ***	0.5012
东部地区	0.7567 ***	2.1312	-0.3875	0.6787	-0.2891	0.7490
中部地区	0.0580	1.0597	-0.4718 **	0.6239	-0.6039 *	0.5466
家庭财富	0.1382	1.1482	-0.2275	0.7965	-0.2871	0.7504
农业收入比重	-0.0305 ***	0.9310	0.0268 ***	1.0271	0.0341 ***	1.0347
家庭负担系数	-1.2998 ***	0.6685	1.6011 ***	4.9583	1.2847 *	3.6135
家庭财富变化	0.0132	1.0132	-0.4270 **	0.6525	-0.3280	0.7203
农业收入比重变化	-0.0020	0.9980	0.0331 ***	1.0337	0.0173 **	1.0175
家庭负担系数变化	-0.2285	0.7957	2.0794 **	7.9997	0.0956	1.1003
常数项	-6.1451 ***		-3.8687 ***		-4.4957	
Hausman Test	Chi2 = 2.654 Prob > Chi2 = 1.00		Chi2 = 6.749 Prob > Chi2 = 1.00		Chi2 = 0.618 Prob > Chi2 = 1.00	
Log Likelihood	-1207.006					
Wald Chi2	337.45					
Prob > Chi2	0.0000					

注：＊＊＊表示在1%的水平上显著；＊＊表示在5%的水平上显著；＊表示在1%的水平上显著。rrr表示相对风险比（Relative Risk Ratio），即选择项与基准项相比发生的相对概率。该指标反映的是当自变量发生变化时，样本是某种类型的概率与是基础类型的概率之比的变化，当 rrr > 1 时，这个概率比值增加，反之下降。

表6-10　2000~2004年贫困动态变化的多元Logit回归结果

	退出贫困		进入贫困		持续贫困	
	系数	rrr	系数	rrr	系数	rrr
健康冲击	1.3524	3.8667	1.3961 ***	4.8462	3.3919 ***	7.159
医疗价格＊健康冲击	0.0006	1.0006	-0.6247 ***	0.5354	-1.4450 ***	0.2358
医疗可及性＊健康冲击	0.0029	1.0029	0.1298	1.1386	0.1588	1.1721
户主性别	0.0846	1.0189	-0.6970 **	0.4981	-0.4498	0.6378
户主年龄	-0.0241	0.9762	-0.0690	0.9333	0.0482	1.0493
户主年龄平方	0.0004	1.0004	0.0006	1.0006	-0.0002	0.9998
受教育程度	0.0367	1.3640	-0.0029 **	0.9971	-0.0858	0.9178
东部地区	0.4478	1.5649	-0.7347 **	0.4797	-0.2647	0.8831
中部地区	0.7800 ***	2.1816	-0.1122	0.8939	-0.2163 *	0.7104

续表

	退出贫困		进入贫困		持续贫困	
	系数	rrr	系数	rrr	系数	rrr
家庭财富	0. 2272	1. 7967	-0. 6913***	0. 5009	-0. 7618	0. 4668
农业收入比重	-0. 0007	0. 9993	0. 0038	1. 0038	0. 0128***	1. 0129
家庭负担系数	0. 7162	2. 0466	0. 5919	1. 8073	0. 7520	2. 1212
家庭财富变化	0. 1948	1. 6230	-0. 5578***	0. 5725	-0. 4978	0. 6079
农业收入比重变化	-0. 0004	0. 9004	0. 0112***	1. 0113	0. 0018	1. 0018
家庭负担系数变化	-0. 4020	0. 6690	0. 3139	1. 3687	0. 8033	2. 4479
常数项	-3. 2538*		0. 4595		-6. 7078**	
Hausman Test	Chi2 =2. 654 Prob > Chi2 =1. 00		Chi2 =6. 749 Prob > Chi2 =1. 00		Chi2 =0. 618 Prob > Chi2 =1. 00	
Log Likelihood	-822. 025					
Wald Chi2	300. 06					
Prob > Chi2	0. 0000					

注：***表示在1%的水平上显著；**表示在5%的水平上显著；*表示在1%的水平上显著。rrr 表示相对风险比（Relative Risk Ratio），即选择项与基准项相比发生的相对概率。该指标反映的是当自变量发生变化时，样本是某种类型的概率与是基础类型的概率之比的变化，当 rrr >1 时，这个概率比值增加，反之下降。

1. 健康冲击对贫困动态变化的影响

表6-9结果显示，在较短的时间间隔内，健康冲击对贫困的动态变化有显著影响，在其他条件不变的情况下，相对于从不贫困农户来说，受过健康冲击的农户退出贫困的概率下降了17. 15个百分点，而进入贫困及持续贫困的概率分别增加了24. 22个、55. 59个百分点。如果考虑农户基期的状态，可以发现对于非贫困户而言，家庭成员遭受健康冲击使其陷入贫困的概率是从不贫困农户的1. 24倍；对于贫困户而言，健康冲击使其退出贫困的概率下降，同时持续贫困的概率增大，且持续贫困的概率是退出贫困概率的1. 88（1. 5559/0. 8285）倍。

分析表6-10的回归结果，发现在较长的时间间隔内，健康冲击对进入贫困以及持续贫困的影响显著，相对于从不贫困家庭而言，遭受健康冲击将增大进入贫困及持续贫困的概率，且持续贫困概率是进入贫困概率的1. 47（7. 159/4. 8462）倍。值得注意的是，虽然健康冲击对退出贫困的影响没有通过显著性检验，但是其系数却为正，表面上似乎可以得出健康冲击家庭反而更加容易退出贫困的结论，这点令人匪夷所思。但是由于其边际影响为负，另外考虑到基期的状态并不相同，也就不能轻易地得出上述结论，而且从表中数据可以推出受过健康冲击的农户处于持续贫困的概率是退出贫困概率的1. 85（7. 159/3. 8667）倍，从而验证了健康冲击将加大农户陷入贫困的概率。

上述结果表明健康冲击对贫困动态变化的影响主要体现在两个方面：一方面，增大了贫困农户脱贫的脆弱性。由于贫困户所能利用的经济社会资源有限，缺乏有效抵御健康风险的手段，再加上农村医疗保障制度的缺失，因此健康冲击对贫困家庭的影响最为严重，既减小了其退出贫困的概率，又加大了其维持贫困状态的可能性，从而陷入贫困陷阱。另一方面，加大了非贫困户进入贫困的风险。农村居民收入水平普遍较低，非贫困户更多地分布于离贫困较近的收入阶层，因此一旦受到负向冲击，极有可能就成为贫困的一员。

进一步比较两个模型（见表6－11），1989～1991年，健康冲击对退出贫困、进入贫困和持续贫困的边际影响分别为－0.0125、0.0101和0.0052；2000～2004年，健康冲击对退出贫困、进入贫困和持续贫困的边际影响分别为－0.0223、0.0315和0.0863，均大于1989～1991年的边际影响水平。由此，可以得出如下结论：首先，相对于20世纪八九十年代末而言，目前健康冲击对进入贫困和持续贫困的影响更大；其次，健康冲击不仅在短期内对贫困的动态变化产生影响，而且会在长期内对贫困产生影响，这证实了健康冲击会对家庭的长期贫困产生影响，使家庭陷入贫病交加的恶性循环。该结论与上述的简单描述具有一致性。

表6－11　各因变量对贫困动态变化的边际影响

	1989～1991年				2000～2004年			
	从不贫困	退出贫困	进入贫困	持续贫困	从不贫困	退出贫困	进入贫困	持续贫困
健康冲击	－0.0028	－0.0125	0.0101	0.0052	－0.8255	－0.0223	0.0315	0.0863
医疗价格*健康冲击	－0.0000	－0.0025	0.0023	0.0002	0.0187	0.0009	－0.0168	－0.0028
医疗可及性*健康冲击	－0.0006	0.0005	0.0001	0.0000	－0.0037	0.0000	0.0035	0.0003
户主性别	－0.0129	0.0086	－0.0043	0.0086	0.0277	0.0023	－0.0244	－0.0010
户主年龄	－0.0013	0.0025	－0.0007	－0.0005	0.0026	－0.0009	－0.0018	0.0001
户主年龄平方	0.0000	0.0000	0.0000	0.0000	－0.0000	0.0000	0.0000	－0.0000
受教育程度	0.0172	0.0001	－0.0108	－0.0065	0.0016	0.0015	0.0000	－0.0002
东部地区	－0.0356	0.0562	－0.0175	－0.0031	0.0068	0.0198	－0.0185	－0.0081
中部地区	0.0180	0.0057	－0.0183	－0.0053	0.0053	0.0332	－0.0041	－0.0344
家庭财富	0.0023	0.0101	－0.0096	－0.0028	0.0280	0.0082	－0.0183	－0.0014
农业收入比重	－0.0032	－0.0019	0.0010	0.0003	－0.0006	－0.0000	0.0001	0.0005
家庭负担系数	－0.1522	－0.0803	0.0611	0.0107	－0.0443	0.0278	0.0151	0.0014
家庭财富变化	0.0180	0.0024	－0.0174	－0.0030	0.0228	0.0071	－0.0148	－0.0009
农业收入比重变化	－0.0013	－0.0002	0.0014	0.0002	－0.0003	－0.0000	0.0003	0.0000
家庭负担系数变化	－0.0645	－0.0216	0.0859	0.0002	－0.0003	－0.0112	0.0131	0.0016

医疗价格在 1989 ~ 1991 年的回归模型中没有通过显著性检验，但是在 2000 ~ 2004 年的回归模型中，对进入贫困及持续贫困具有显著影响。这验证了医疗价格的上涨加剧了医疗供求之间的矛盾，农村居民看病难、看病贵问题突出，医疗支出成为农户致贫的重要原因之一。医疗可及性在两个模型中均没有通过显著性检验。

2. 其他控制变量对贫困动态变化的影响

户主性别对农户进入贫困的影响显著，户主是男性的家庭进入贫困的概率较小。受教育程度是重要的人力资本，从回归结果来看，教育程度越高，农户进入贫困和持续贫困的概率越小，这表明人力资本的提高有助于缓解贫困。

农业收入比重对农户进入贫困和持续贫困具有正向影响作用，从两期差分变量可以进一步看出农业收入比重的增大将伴随着退出贫困概率的下降以及进入贫困、持续贫困概率的增大。这表明农民收入的单一化及过度依赖农业不利于农户的脱贫。家庭财富对农户进入贫困的影响为负。家庭负担系数对进入贫困的影响为正，表明家庭负担系数越大，更容易进入贫困。两期差分回归结果显示家庭负担系数的增大与农户退出贫困概率的下降及进入贫困概率的上升是同时的。

从地区虚拟变量来看，中、东部地区农户较易退出贫困，而对进入贫困的影响为负。

第三节　健康冲击对短期、长期贫困的影响

根据进入和退出的频率以及处于贫困状态的时间长短，可以将贫困分为长期贫困（Chronic Poverty）、短期贫困（Temporary or Transient Poverty）和从不贫困（Never Poverty）。其中，长期贫困包括永久性贫困和经常性贫困，是指其收入（消费）或者其他相应指标的水平在每一个时期中都低于既定的贫困线，或者虽然其整体平均水平低于贫困线，但并不是每个时期都低于贫困线；短期贫困包括波动性贫困和偶然性贫困，是指其平均水平围绕贫困线波动，且在一些时期中陷入贫困，或者其整体平均水平高于贫困线，但至少一个时期陷入贫困；从不贫困是指其水平在所有时期中均高于贫困线（Hulme 和 Shepherd，2003）。具体来说，长期贫困和短期贫困的分界点是经历 5 年的贫困时期。一般把一个个体经历了 5 年或 5 年以上的确切的能力剥夺，认为是长期贫困；否则，即为短期贫困。在很多文化背景中，5 年都是一个人一生中重要的时期；在时间序列的横截面数据研究中，5 年往往是作为一个阶段的数据搜集研究的，所以对学者来说，一般都把

5年作为一个研究期间。根据一些实证研究的结论，如果一个人的一生中有5年时间或超过5年的时间处于贫困状态，那么在他剩下的生命时间里继续处于贫困状态的可能性将十分巨大。也有研究认为90%的长期贫困者都经历了4年贫困时期（Hulme和Shepherd，2003）。因此本书根据CHNS数据库特点，选取4年作为一个研究期间，选取2000～2004年这一时间段，将该时间段内贫困的动态变化分为长期贫困、短期贫困及从不贫困三个状态。

一、短期、长期贫困描述

根据长期贫困的定义，表6－12描述了不同贫困标准下长期贫困、短期贫困及从不贫困的分布情况。数据显示，采用官方贫困标准时，2000～2004年从不贫困的农户比例为86.96%，短期贫困农户比例次之，为12.14%，长期贫困农户仅占到0.90%。提高贫困标准后，并没有改变不同贫困类型的分布趋势。

表6－12　2000～2004年短期、长期贫困描述

	官方贫困线		世行贫困线	
	频数	百分比	频数	百分比
不贫困	2020	86.96	1818	78.26
短期贫困	282	12.14	447	19.24
长期贫困	21	0.90	58	2.50
合计	2323	100	2323	100

接下来，为直接揭示健康冲击对短期、长期贫困的影响，我们进行了健康冲击与短期、长期贫困的交叉列联表分析，见表6－13。卡方结果显示，健康冲击对不同期限贫困类型影响显著。这从以下几个方面得到反映：首先，未受过健康冲击的家庭绝大多数为从不贫困家庭，短期贫困及长期贫困所占比例较小，尤其是长期贫困；其次，受过健康冲击家庭从不贫困的比例小于未受过健康冲击家庭，而短期贫困和长期贫困的比例则呈相反的分布趋势。

表6－13　健康冲击与短期、长期贫困描述

		未受过健康冲击	受过健康冲击
官方贫困线	从不贫困	87.55	70.73
	短期贫困	11.60	26.83
	长期贫困	0.85	2.44
	$\chi^2=19.898^{***}$		

续表

		未受过健康冲击	受过健康冲击
世行贫困线	从不贫困	78.85	62.20
	短期贫困	18.79	31.71
	长期贫困	2.37	6.10
	$\chi^2=14.081^{***}$		

注：表中比例表示未受过/受过健康冲击家庭在各贫困动态变化类型的分布情况。＊＊＊表示在1%的水平上显著。

二、模型选择、变量设置

在探讨健康冲击对短期、长期贫困影响时，因变量包括从不贫困、短期贫困及长期贫困三类，因此我们同样选择多元 Logit 模型，以从不贫困为对照，模型具体形式为：

$$P[Y=j|x]=\frac{e^{\beta_j x_i}}{1+\sum_{k=0}^{3}\exp\beta_k x_i},\quad j=1,2 \tag{6-34}$$

在进行模型回归时，同样首先根据 Hausman 统计量检验 IIA 假设条件，如果选择项之间满足独立无相关性假设，则认为多元 Logit 模型是有效的，否则，则采用嵌套 Logit 模型。

自变量的选择也参照第二节，包括家庭健康冲击变量、健康冲击与医疗价格及医疗可及性乘积的交互项、户主特征（包括户主的性别、年龄以及受教育程度）、家庭特征（包括家庭财富水平、农业收入占家庭总收入的比重、家庭负担系数）以及地区虚拟变量。

三、模型分析

由于官方贫困标准及世行贫困标准回归结果差别不大，因此我们仅给出了按官方贫困标准衡量的短期贫困、长期贫困的多元 Logit（Multinominal Logistic）回归结果。Hausman 检验结果表明，不能拒绝多元 Logit 模型参数无系统性差异的假设，表明各选择项之间满足独立无相关假设，因此，多元 Logit 模型是有效的。另外，模型的联合检验表明，模型总体通过了显著性检验，回归结果比较理想。

从表 6－14 可以看到，健康冲击对短期贫困及长期贫困的影响均为正，这意味着健康冲击不仅是总体贫困的重要影响因素，也是导致家庭短期贫困及长期贫困的重要原因。相比而言，健康冲击对短期贫困的影响统计上通过了显著性检验，其对短期贫困的边际概率为 0.4849，且相对风险比 rrr＝14.3577，即遭受过健康冲击的农户比未遭受过健康冲击的农户处于短期贫困的相对概率更大，前者是后者的14.3577倍。但是健康冲击对长期贫困的影响统计上并不显著，而且其边际概率及相对风险比均较小，这再一次证实了健康冲击在短期内对贫困的影响更大，在长期内对贫困的影响略微有所减小。医疗价格、医疗可及性与健康冲击的交互项对长期贫困的影响显著，这表明医疗价格越贵，医疗服务越不可及，则农户在遭受健康冲击后，更容易陷入长期贫困的境地。

表6-14　2000~2004年短期贫困、长期贫困的多元Logit回归结果

	暂时贫困			长期贫困		
	系数	DF/DX	rrr	系数	DF/DX	rrr
健康冲击	2.6643**	0.4849	14.3577	1.3141	0.0006	3.7212
医疗价格*健康冲击	-0.0822	-0.0068	0.9211	0.2973***	0.0002	1.7428
医疗可及性*健康冲击	-0.0344	-0.0029	0.9662	0.1975**	0.0002	1.2184
户主性别	-0.2554	-0.0229	0.7746	-0.2623	-0.0002	0.7693
户主年龄	-0.0420	-0.0035	0.9589	0.1139	0.0001	1.1207
户主年龄平方	0.0004	0.0000	1.0004	-0.0010	0.0000	0.9990
受教育程度	-0.1452**	-0.0119	0.8648	-0.9676**	-0.0007	0.3800
家庭财富	0.0000	0.0000	1.0000	-0.0003**	0.0000	0.9997
农业收入比重	0.0071***	0.0006	1.0071	-0.0168	0.0000	0.9833
家庭负担系数	0.6258*	0.0515	1.8697	1.2714*	0.0010	3.5658
东部地区	-0.4572**	-0.0356	0.6331	-0.2435	-0.0002	0.8758
中部地区	-0.3716*	-0.0085	0.8944	-0.3756	-0.0005	0.5312
常数项	-1.5480			-4.5198		
Hausman Test	Chi2 = 0.691			Chi2 = 0.249		
	Prob > Chi2 = 1.00			Prob > Chi2 = 1.00		
Log Likelihood	-617.47692					
LR Chi2	100.72					
Prob > Chi2	0.0000					

注：***表示在1%的水平上显著；**表示在5%的水平上显著；*表示在1%的水平上显著。DF/DX表示边际概率；rrr表示相对风险比（Relative Risk Ratio）。

分析其他解释变量的作用效果，基本上影响显著的对贫困的作用是我们所预期的。教育有助于缓解贫困，这点无论对任何类型的贫困都不例外，对短期贫困的缓解效果更加明显；家庭财富有助于缓解长期贫困，但对短期贫困影响不显著；农业收入比重越大，农户处于短期贫困的概率越大；家庭负担越大，更容易

陷入贫困，甚至处于长期贫困。

第四节 本章小结

本章重点利用微观数据分别从静态和动态的视角探讨了健康冲击对贫困及贫困动态变化的影响，对研究假说1进行了经验性的检验，实证研究主要从三方面展开，现就主要结论汇报如下：

（1）根据CHNS七轮调查的混合截面数据，运用Probit模型分析了健康冲击对农户贫困的影响，研究证实了因病致贫效应的存在，且年份越近，影响越大，这与国家卫生服务调查显示的因病致贫率的逐步上升具有一致性。在运用Biprobit和Xtprobit模型纠正内生性后，健康冲击对贫困的影响程度加大。

（2）选取1989~1991年以及2000~2004年两个时间段的匹配样本，将动态贫困分为从不贫困、进入贫困、退出贫困以及持续贫困四个类型。

首先，探讨了我国农村贫困动态变化的整体状况，并比较分析了健康冲击对家庭收入的影响以及健康冲击前后家庭收入的变化情况，研究发现：①我国农村普遍存在退出贫困与进入贫困并存的现象，短期内贫困的流动性水平较高，贫困标准的提高加剧了贫困的动态变化，但是农户贫困更多表现为暂时性的贫困，持续贫困所占比例相对较小。②健康冲击不仅在短期内造成家庭收入的下降，而且会影响家庭的长期收入水平。医疗价格的急速上涨以及医疗保障制度的缺失扩大了农村居民的健康脆弱性，因此，目前的健康冲击相对于过去来说，给家庭收入带来的负面影响更为严重。

其次，通过对多元Logit模型和嵌套Logit模型的比较和检验，最终选用了多元Logit模型，在控制其他变量的情况下，重点研究了健康冲击对不同期限内贫困动态变化的影响。计量模型结果显示：①健康冲击，一方面增大了贫困农户脱贫的脆弱性，另一方面加大了非贫困户进入贫困的风险，因此对退出贫困的影响为负，而对进入贫困以及持续贫困的影响为正。②健康冲击不仅在短期内对贫困的动态变化产生影响，而且在长期内对动态贫困产生影响，从而使家庭处于长期贫困的境地，并可能陷入贫病交加的恶性循环。

（3）更明确地将4年作为一个研究期间，选取CHNS调查2000~2004年这一时间段，将该时间段内贫困的动态变化分为长期贫困、短期贫困及从不贫困三个状态，进一步分析了健康冲击对贫困动态变化的影响。研究发现，健康冲击在短期贫困的影响较大，而对长期贫困的影响略微有所减小。

第七章　正式风险应对策略缓解因病致贫的作用效果——以新型农村合作医疗制度为例

第一节　合作医疗制度变迁

在我国农村地区，家庭应对疾病风险的正式机制主要是合作医疗制度。合作医疗是在实践中摸索出来的一个伟大创举，它曾经享誉海内外，为新中国医疗保障做出了重大的贡献；也曾经衰败，陷入困境。而现阶段又赋予它新的内容，其发展可谓一波三折，跌宕起伏。

一、我国古代的医疗互助共济

我国农村医疗互助共济的历史源远流长。早在2000多年前，《礼记·礼运》就指出："大道之行也，天下为公。……人不独亲其亲，不独子其子；使老有所终，壮有所用，幼有所长，鳏寡孤独废疾者皆有所养。"这被认为是世界上最早出现的社会保障思想。《孟子·滕文公上》说："出入相友，守望相助，疾病相扶持，则百姓亲睦。"其"疾病相扶持"的理念对后世医疗互助的实践影响甚大，由此出现了很多具有医疗互助功能的民间组织。如唐五代宋初，敦煌地区出现了对社员困难的周济和疾病的慰问的私社，这种互助社在民间长期流传，对后世互助会社的发展产生了较大影响。北宋时期，吕大钧首创以相助协济为目的的《吕氏乡约》，疾病救助是其内容之一，约中之人若有疾病，"小则遣人问之。稍甚，则亲为博访医药。贫无资者，助其养疾之费"。明清时期的江南地区，民间的善堂、善会开展医疗救济活动。与此同时，中国古代官府也兴办了一些医疗救济机构，如唐代的"州境巡疗"就是官府解决平民百姓看病用药的基本制度；

宋代官办的“惠民药局”免费为病人诊断并提供处方，普通老百姓看病用药比较方便，这一机构一直延续到元代①。

二、合作医疗的渊源

早在解放前，合作医疗的萌芽就在革命根据地出现了。

20 世纪 40 年代在陕甘宁边区创办的医药合作社，被视为合作医疗的起源，并被不断推广（杨红燕，2009）。1944 年，伤寒、回归热等传染病流行，农民病人去医院不方便，巫医又活动起来，于是群众一致写信要求建立小型医疗机构。陕甘宁边区政府、延安市政府应群众要求，举办了卫生合作社，资金由大众合作社和保健药社投资，同时吸收团体和私人股金，政府也适当赠送药材等，因此是一种民办公助的医疗机构。卫生合作社在医务方面，采取了“中西合作，人兽齐治”的方针；社内有中西兽医门诊和中西药房；合作社医生不受办公时间限制，病人随到随诊，看病免费，药价低廉；工作人员实行供给制，家属吃优待粮，每月每人小米一斗（36 斤）、柴 200 斤。每次乡村召开的群众大会，合作社都派人参加，介绍合作社的工作、宣传防病常识，还出版《卫生周刊》，为群众预防接种等（史永丽、孙淑云，2006）。到 1946 年，卫生合作社达 43 个（其中包括 2 个兽医社），成为解决农民常见病防治的主要形式。

1950 年前后，东北各省也曾积极提倡采用合作制和群众集资举办基层卫生组织。在东北地区的农村卫生所中，属于合作社营和群众集资举办的占总数的 17.44%（张自宽等，1994）。部分农村地区还发动农民群众以粮食、土豆和鸡蛋等食物入股投资，建立了一批医药合作社。

这些被称为合作医疗萌芽的医药合作社，是建立在自主自愿、互助合作基础上的医疗合作组织，是具有合作性质的医疗保健机构，并非所谓的合作医疗制度。但是，这些探索确实为以后合作医疗的产生和发展提供了宝贵的经验，并催生了真正的合作医疗。

三、传统合作医疗阶段

传统合作医疗主要指计划经济时期的合作医疗，自 1955 年山西正式出现合作医疗制度开始，一直到 20 世纪 80 年代初合作医疗衰败为止，是中国农村为公社的农民提供预防性的服务、基础医疗和疾病治疗服务的筹措资金和支付系统。

20 世纪 50 年代中期，我国发起了声势浩大的合作化运动。随着农业合作化的发展，部分省份的农村出现了由农业生产合作社举办的保健站。1955 年山西

① 杨善发．中国农村合作医疗制度渊源、流变与当代发展［J］．安徽大学学报（哲学社会科学版），2009（3）．

省米山乡在农业社会保健站中实行“医社结合”，采取社员群众出保健费和生产合作社公益金补助相结合的办法，建起了合作医疗制度。之后，河南省正阳王庄乡创建了“社办合作医疗制度”。同时，湖北、山东、贵州等省的人民公社也办起了合作医疗。1956 年，全国人大一届三次会议通过的《高级农业生产合作社示范章程》规定，合作社对因公负伤后因病致贫的社员要负责医疗，并且要酌量给以劳动日做补助，从而首次赋予集体介入农村社会成员疾病医疗的责任（张自宽等，1994）。1959 年 11 月，卫生部召开全国农村卫生工作会议。会后，在《关于全国农村卫生工作山西稷山现场会议情况的报告》及附件《关于人民公社卫生工作几个问题的意见》中，正式肯定了农村合作医疗制度。1960 年，中央转发了该报告和附件，将这种制度称为“集体医疗保健制度”，要求各地参照执行，这是新中国成立后中共中央下发的第一个有关农村合作医疗的文件，对我国农村医疗卫生事业的发展起到了积极的指导作用。从此，合作医疗逐渐成为我国农村医疗卫生工作的一项基本制度（杨红燕，2009）。全国掀起了合作医疗的第一次高潮。全国各地相继建立起一批以集体经济为基础，集体和个人相结合，互助共济的集体保健医疗站、合作医疗站或统筹医疗站。然而，这一时期的合作医疗尚处于探索阶段，各地的农村合作医疗制度很不规范，农村医疗卫生保障体系也没有形成，农村医疗站或保健室极其简陋，医务人员素质较低。而且当时的合作医疗制度一定程度上迎合了现实政治需要，具有行政命令色彩，脱离实际。此后，三年自然灾害加上国民经济的调整，集体经济难以承担合作医疗费用，农民也无力缴纳保健费，合作医疗受到极大的冲击。很多地方的农村合作医疗工作因此陷于停顿，农村合作医疗“看病不要钱”的状况难以维持。全国除了极少数相对富裕的社队外，多数社队的合作医疗制度是春建秋散。尽管如此，新中国成立初期农村合作医疗的初步发展，在一定程度上缓解了我国农村长期以来缺医少药的状况，也为以后农村合作医疗制度的全面建立奠定了基础。

合作医疗的发展繁荣是在“文革”期间。是满足农村治病防病的实际需要，更重要的是毛主席亲笔批示湖北长阳乐园公社合作医疗“是医疗战线的一场大革命”，“解决了农民群众看不起病、吃不起药的困难”，《人民日报》头版还详细介绍了长阳的成功经验，号召全国人民学习。由此，在当时的政治气氛下，搞不搞合作医疗，关系到是不是团结贫下中农，是不是支持社会主义新生事物，是不是执行毛主席无产阶级革命路线的问题（蔡仁华，1998）。全国兴起了合作医疗的第二次高潮。这种合作医疗是由农村集体经济组织和社员共同筹资举办的医疗消费上的社区合作组织，它由生产大队集体筹资，依托大队卫生室提供医疗和预防保健服务，并控制医疗费用的收支平衡，具有预防保健组织的特点。其具体举办形式因社、队的经济实力和管理能力而不同。在筹资方式上，社、队采取了许

多内部交易的办法，组织社员自采自制、自种中草药以解决资金的不足（张蕙杰、蔡捷、王音，2007）。依靠人民公社的组织体系，合作医疗在短时间内得到了迅速推广。至1976年，合作医疗覆盖率达到了90%。1978年五届人大通过的《中华人民共和国宪法》将“合作医疗”列入其中。1979年，卫生部、农业部、财政部等下发了《关于农村合作医疗章程》（试行草案），对合作医疗进行了规范，标志着合作医疗的制度化。

四、传统合作医疗的衰败与重建时期

计划经济时期的合作医疗得以普及和推广的原因之一是集体经济为制度的运行提供了相对稳定的资金来源。20世纪70年代末，我国进行市场化取向的农村经济改革。进入20世纪80年代，随着农村经济体制的改革，家庭联产承包责任制在全国农村推广，集体经济组织大面积解体，家庭成为农村的基本生产单位，农村合作医疗失去了依托。由于生产方式和经营方式的变化，集体经济积累减少，个人收入增多，原有合作医疗在资金筹集、管理体制以及乡村医生劳动报酬等方面均与现实不相适应，合作医疗体制开始走向衰败。曾经轰轰烈烈的农村合作医疗制度在大多数农村地区迅速崩溃。卫生部门调查发现，1982年全国实行合作医疗的行政村比例由70年代的90%下降到52.8%，1985年更是猛降到5%，1989年继续下降到4.8%（杨红燕，2009），合作医疗面临解体的危机。合作医疗的全面滑坡致使农村卫生的可及性、可享性出现了退步，进一步拉大了城乡医疗卫生的差距，造成了新的“看病难”、“看病贵”问题，农民就医费用大幅增长，社会医疗公平矛盾日趋尖锐化。

农村医疗保障制度的缺失引起了决策部门的重视，政府提出了重建合作医疗的构想。20世纪90年代，中央政府出台了一系列的文件。1991年，国务院批转了卫生部等《关于改革和加强农村医疗卫生工作的请示》的通知，提出要“稳步推行合作医疗保健制度，为实现人人享有卫生保健提供社会保障”。1992年，卫生部、财政部联合发布《关于加强农村卫生工作若干意见的通知》，要求“支持建设乡镇卫生院、村卫生室和举办农村合作医疗”。1993年，中共中央在《关于建设社会主义市场经济体制若干问题的决定》中提出，要发展和完善农村合作医疗制度。1994年，国务院研究室、卫生部、农业部与世界卫生组织合作，在全国7个省14个县（市）开展了“中国农村合作医疗制度改革”试点及跟踪研究工作，旨在为合作医疗立法提供理论依据。1997年1月，中共中央、国务院在《关于卫生改革与发展的决定》中提出，要“积极稳妥地发展和完善合作医疗制度”，“力争到2000年在农村多数地区建立起各种形式的合作医疗制度”。3月卫生部等部门向国务院提交了《关于发展和完善农村合作医疗若干意见》，国务院于5月批转了这个意见。总体来说，这一时期政府恢复和重建合作医疗制度的一系列政策文件在一定程度上促进了农村合作医疗的恢复发展，过程虽然热闹，但效果并不理想。在这之后，农村合作医疗几乎无人再提，再一次陷入了困境。到1997年底，合作医疗覆盖率也仅仅占全国行政村的17%，农村居民参加合作医疗的比例只有9.6%，因此第二次农村合作医疗虽历经艰辛，但仍然以失败告终。这也在一定程度上说明改革开放以后制度环境的变化导致合作医疗发展的成本增加，同时由于财政制度的改革，造成中央政府的财政实力单薄，对合作医疗的支持力度逐年下降。

五、新型农村合作医疗建立阶段

在2001年底的一次内部座谈会上有人郑重指出：农民健康问题已成为十分尖锐的社会问题。农民对现状感到无助和无奈，于是勾起他们的怀旧情结。农民的不满情绪正在贫困地区蔓延，逐渐成为社会不稳定的因素（李剑阁，2003）。在这种情况下，为改变农村卫生工作的薄弱现状，提高农民健康水平，党和政府下决心解决农民的医疗保障问题，将逐步解决农民“看病难”问题作为解决“三农”问题的重要一环，以促进“三农”问题的全面解决和小康社会的全面建立。2002年10月29日，中共中央颁布了《关于进一步加强农村卫生工作的决定》，要求“各级政府要积极组织引导农民建立以大病统筹为主的新农合，重点解决农民因患传染病、地方病等大病而出现的因病致贫、返贫问题”，明确了“到2010年使中国农民人人都能享受初级卫生保健”的工作目标，并提出了具体的工作要求。主要包括：建立基本设施齐全的农村卫生服务网络；建立具有较高专业素质的农村卫生服务队伍；建立精干高效的农村卫生管理体制；建立以大病统筹为主的新型合作医疗制度和医疗救助制度，使农民人人享有初级卫生保健；主要健康指标达到发展中国家的先进水平，使新型农村合作医疗制度基本覆盖农村居民。2003年，国务院转发了卫生部、财政部和农业部《关于建立新型农村合作医疗制度的意见》（以下简称《意见》），明确要求从2003年起开始试点新型农村合作医疗制度，并逐步推开。同时确立了到2010年在全国建立基本覆盖农村居民，减轻农民因疾病带来的经济负担的目标。《意见》强调农民个人每年的缴费标准不应低于10元，地方财政对参加新型合作医疗的农民的资助不低于人均10元。并要求有条件的乡村集体经济组织应对本地新型农村合作医疗制度给予适当扶持，鼓励社会团体和个人资助新型农村合作医疗制度。2005年，又提出了“到2008年在全国农村基本建立新型农村合作医疗制度”的目标。

新农合制度实施后，我国农村居民的医疗保障覆盖面迅速扩大。2008年7月10日，卫生部宣布，新型农村合作医疗制度已在全国31个省、自治区、直辖市

应开展的县（市、区）实现100%覆盖（曹政，2008）。现在，由政府每年为每位农民出资80元、农民个人拿出20元建立的新型农村合作医疗制度已经在全国各地普遍推广。

新型农村合作医疗制度与以往的农村合作医疗制度相比，其性质并没有改变，仍然是由政府组织、引导和支持，农民自愿参加，个人、集体和政府多方筹资，以大病统筹为主的农民医疗互助共济制度。但又注入了新的内涵，其创新之处主要体现在：首先，新型合作医疗制度的资金筹集由政府唱主角。其次，新型合作医疗是以保“大病”（住院）为主，兼保“小病”（门诊）。再次，参加农村新型合作医疗以户为单位，避免了“一人参保，全家吃药”情况的发生，也增强了基金筹集的力度。最后，资金支付实行分级、分段、分项的原则（乔益洁，2004）。

新型农村合作医疗制度的实施，在一定程度上解决了农民看病难、看病贵问题，但能否解决因病致贫返贫问题，能在多大程度上缓解因病致贫返贫现象，目前还没有强有力的实证研究支持。

第二节　数据来源及描述分析

一、样本描述

本节使用数据为CHNS调查最新一轮2006年的数据，对缺失信息进行处理后，获取的有效样本数为2909。2006年农村样本包括36个县，其中25个县实行了新农合制度，表7－1描述了试点县与非试点县的基本情况。数据显示，试点县与非试点县在人口、面积、物价、经济发展水平、医疗资源等方面存在差异，这表明试点县的选择并不是完全随机的。

表7－1　试点县与非试点县基本情况描述

	非试点县	试点县
人口规模（千人）	666.4	899.1
总面积（平方公里）	2810.11	3097.02
人均收入水平（元）	4260.50	6049.93
家庭农业收入比重（%）	39.58	36.94
物价指数	2.3538	2.3599

续表

	非试点县	试点县
贫困发生率（%）	11.36	7.47
医疗价格（元）	27.84	40.64
医疗可及性（km）	14.36	12.01
四周患病率（%）	36.2	34.9

在25个试点县中，参合农户为1228户，实际参合率为62%。表7－2描述了试点县参合农户与非参合农户以及非试点县农户的基本特征，从中可以看出，相对于非参合农户和非试点县农户来说，参合农户户主为男性的比例较大，户主年龄较小，但是户主受教育程度较高。从家庭特征来看，参合农户的家庭人均收入、财富价值较高，而家庭负担较小。

表7－2　试点县参合与非参合农户及非试点县农户基本特征描述

	试点县农户		非试点县农户
	参合农户	非参合农户	
户主性别	0.90	0.87	0.81
户主年龄	53.02	55.32	54.86
户主受教育程度	8.71	6.94	6.32
家庭健康自评状况	2.37	2.28	2.387
家庭人均收入	10869.20	10609.89	4262.3
家庭财富价值	11241.89	10424.16	9005.14
家庭农业收入比重	44.89	16.77	39.62
家庭规模	3.50	3.14	3.76
家庭负担系数	0.20	0.275	0.244

二、新农合制度反贫困效果的描述

我们采用官方贫困标准，直观地描述了农户在医疗费用支付前后及得到新农合补偿后的贫困发生率及贫困距，表7－3给出了总体情况及不同收入水平的贫困指数。从总体情况来看，医疗费用支付前贫困发生率和贫困距分别为8.68%和4.91%，医疗支出发生后，两者均有所上升，上升幅度分别为1个百分点和3.7个百分点。进一步来讲，当部分医疗费用得到新农合补偿后，贫困率和贫困距又有所下降，但下降幅度不大，分别为0.3个百分点和1.3个百分点，这表明医疗

费用的发生使得农村因病致贫、因病返贫的家庭增多，但更多地表现为原有贫困家庭贫困程度的加大。而当新农合保险补偿后，贫困有所减轻，但其减贫作用有限。

表7－3　医疗支出前后及新农合补偿后农户的贫困指数

	医疗费用支付前		医疗费用支付后		新农合补偿后	
	贫困率	贫困距	贫困率	贫困距	贫困率	贫困距
总和	0.0868	0.0491	0.0969	0.0862	0.0938	0.0736
低收入	0.4384	0.2479	0.4613	0.3037	0.4542	0.2910
中低收入	0.0000	0.0000	0.0121	0.0384	0.0104	0.0354
中等收入	0.0000	0.0000	0.0086	0.0365	0.0017	0.0228
中高收入	0.0000	0.0000	0.0069	0.0563	0.0069	0.0227
高收入	0.0000	0.0000	0.0000	0.0000	0.0000	0.0000

从不同收入水平农户贫困指数的分布来看，我们发现：①贫困农户全部集中于低收入阶层，由于低收入与中低收入的分界点高于贫困线，这点是毋庸置疑的；②医疗费用的致贫效果对高收入家庭没有任何影响，这体现在医疗费用支付前后高收入家庭的贫困率和贫困距均为零；③在各个收入阶层，新农合保险补偿使得贫困指数下降的幅度均较小，这也验证了新农合制度的减贫效应并不大；④相对来说，医疗费用使得中低收入阶层贫困率的上升幅度以及新农合补偿后的下降幅度均是最大的，这说明了中低收入阶层的收入脆弱性较大，微小的负向冲击或者补偿都可能改变其贫困状况，因此其贫困率的波动幅度较大。另外，新农合补偿使得贫困深度下降幅度最大的是中高收入阶层，其次为中等收入阶层，这某种程度上从侧面反映了低收入阶层从新农合制度中的受益程度要小于较高收入的阶层。

第三节　新农合缓解因病致贫的实证分析

一、方法介绍

本节的主要目的是评价新型农村合作医疗制度对缓解因病致贫的效果。

假定 Y 为目标变量，Y_i^1 表示参与新农合农户的因病致贫情况，Y_i^0 表示未参与新农合农户的因病致贫情况。令 $D_i=1$，表示农户参与新农合，我们希望得到的新农合对因病致贫的平均政策效果：参与农户的因病致贫情况与参与农户在没有参与假设下的因病致贫情况的差异，表示为：

$$ATT=E(Y_i^1|D_i=1)-E(Y_i^0|D_i=1)=E((Y_i^1-Y_i^0)|D_i=1) \quad (7-1)$$

从理论上讲，这是合理的，但是 $E(Y_i^0|D_i=1)$ 是无法被观察到的，因为根本就不存在这样的事实。也就是说，要评价新农合制度政策效果的前提条件是要构造出 $E(Y_i^0|D_i=1)$，而关于项目评价方法发展的方向也主要是围绕如何构造 $E(Y_i^0|D_i=1)$ 展开的。

对于同一农户来说，我们要么观察到 Y_i^1，要么观察到 Y_i^0，两者之差：

$$\begin{aligned}ATD&=E(Y_i^1|D_i=1)-E(Y_i^0|D_i=0)\\&=[E(Y_i^1|D_i=1)-E(Y_i^0|D_i=1)]+[E(Y_i^0|D_i=1)-E(Y_i^0|D_i=0)]\\&=ATT+[E(Y_i^0|D_i=1)-E(Y_i^0|D_i=0)]\end{aligned} \quad (7-2)$$

也就是说，*ATT* 和 *ATD* 相等的必要条件是实际参与新农合农户如果不参与的因病致贫情况和未参与新农合农户的因病致贫情况一样。即：

$$E(Y_i^0|D_i=1)=E(Y_i^0|D_i=0) \quad (7-3)$$

但是该假设对数据的要求非常高，只有在新农合的参与是随机确定的，或者数据纯粹来自社会试验的情况下，这一条件才能够得到满足。对于非试验数据，由于不能像实验设计那样控制混杂因素，而且参与新农合并不是完全随机选择的结果，它受到一系列因素的影响。首先，我国农村实施的新农合制度采取先行试点，逐步推广的思路，为保障试点的成功，试点县的选择并不是完全随机的，而是综合考虑了政府的管理能力以及当地的经济发展水平、医疗设施的质量等经济制度等因素。对于非试点县农户来说，即使想参与也没有这样的机会，也就享受不到新农合制度报销医疗费用的福利。其次，即使在新农合试点县，农户是否参加也不是随机选择结果，新农合制度的基本原则之一就是自愿参加，因此，农户会基于自身对医疗服务的需要选择是否参与，例如，健康状况较差的农户会更倾向于选择参与新农合。综上，对于非随机数据资料，如果只对数据进行简单分组分析，或者说用 *ATD* 来代替 *ATT*，就会对新农合制度的政策效果产生选择性偏倚和混杂偏倚，从而无法评价新农合政策缓解因病致贫、因病返贫的真实作用。

1983 年，Rosenbaum 和 Rubin 首次在生物统计学领域提出倾向得分匹配法（Propensity Score Matching，PSM），可以有效去除控制变量和其他观测因素的混杂偏倚，到 20 世纪 90 年代，该方法被广泛应用于卫生服务研究领域，迄今是处理非随机试验数据选择问题最广泛的方法，它创造了一个“准随机”试验（Alex，唐艳和陈刚译，2008）。

令 $P(X)=Pr(D=1|X)=E(D|X)$ 为农户参与新农合的概率，即农户

在自身特定的属性下参与新农合的可能性。倾向得分匹配法就是通过构建该统计值的比较组来观察有着相似概率值的新农合参与与非参与农户之间因病致贫的差异。该方法有两个假设条件：

假设1：倾向得分 $P(X)$ 相同的新农合参与农户与非参与农户具有相同的 X 分布，即变量平衡条件（Balance Property），表示为：

$$D \perp X | P(X) \tag{7-4}$$

应用 Stata 软件中的 Pscore 命令可以检验估计式是否满足平衡条件。其原理是根据 Pscore 值将样本分成 K 层，在每一区间里检验参合农户与未参合农户的 Pscore 均值不存在显著差异。如果检验失败，则将该区间样本再细分，重新进行检验，直到所有区间内参合农户与未参合农户的 Pscore 均值不存在显著差异为止。根据以上分层，在每一区间里再检验参合农户与未参合农户每一特征变量均值不存在显著差异。如果某一变量的均值存在显著差异，则表明变量平衡条件不满足，需重新定义变量。

假设2：在条件 X 的前提下，Y_i^0，Y_i^1 与 D 相互独立，即 Y_i^1，$Y_i^0 \perp D | X$，那么：

$$Y_i^1, Y_i^0 \perp D | P(X) \tag{7-5}$$

所以，如果 P（X）的倾向得分已知，则参与新农合的平均政策效果：

$$\begin{aligned} ATT &= E(Y_i^1 | D_i = 1) - E(Y_i^0 | D_i = 1) \\ &= E((Y_i^1 - Y_i^0) | D_i = 1) \\ &= E\{E[(Y_i^1 - Y_i^0) | D_i = 1, P(X)]\} \\ &= E\{E[Y_i^1 | D_i = 1, P(X)] - E[Y_i^0 | D_i = 0, P(X)] | D_i = 1\} \end{aligned} \tag{7-6}$$

但是，仅知道倾向得分还不足以估计出式（7-3）中的 ATT，因为 $P(X)$ 是连续变量，要找到两个得分完全相同的个体从理论上讲不太可能，也就是说参合农户不一定能找到 Pscore 值完全相同的未参合农户，因此就需要运用一定的匹配方法为参合农户寻找匹配农户。目前，基于 Pscore 值的匹配法主要有最近相邻法（Nearest Neighbor Matching，NNM）、可耐儿匹配法（Kernel Matching，KM）、替代匹配（Matching with Replacement）、分层匹配（Matching after Stratification）等。

由此，倾向得分匹配（PSM）的思路是通过建立概率预测模型为新农合参与农户与未参与农户在对照组寻找与他本身受干预后结果尽可能相同的对象，并与之匹配，然后比较各配对组因病致贫结果的差异，从而得到避免混杂偏倚和选择性偏倚的目的。这样，PSM 通常包括两个步骤：第一步运用 Probit 模型建立农户参与新农合的概率模型，根据该概率模型，预测每个农户的参合概率，即 Pscore 值，然后根据 Pscore 值检验变量平衡条件；第二步进行配对分析。运用相应的匹配方法为参合农户寻找匹配的非参合农户。最后通过比较参与新农合的农户和没有参与新农合但分值相近的农户，得到新农合制度对因病致贫的影响。

倾向得分匹配（PSM）通过倾向得分使多维问题变为一维或少维，简化了匹配过程。该方法允许进行准随机化的研究，干预组合对照组中具有相同倾向得分的对象被认为随机分配到各组。而且该方法不依赖于线性方程形式的假设，函数形式具有稳健性，同时对个体的随机效应没有限制，从而允许样本存在异质性（Fu，2008）。但是，倾向得分匹配法仅仅控制了可观察的因素，如果是否参与新农合受到一些非观测因素的影响，如农户对健康意识、传统观念、政策的信任，这些因素都可能对农户参与新农合的决策产生影响，但我们没有很好的方法进行测量，因此 ATT 的估计仍然是有误的，即遗漏变量及测量误差的问题仍然存在。

二、实证分析结果

表 7－4 显示的是农户参与新型农村合作医疗制度的 Probit 回归结果，即倾向值的回归结果。结果表明户主特征、家庭健康资本、社区医疗价格、医疗可及性以及地区虚拟变量对农户参与新农合影响显著。

表 7－4　新型农村合作医疗参与的 Probit 回归结果

	系数	DF/DX
户主性别	0.5416***	0.2100
户主年龄	－0.0245***	－0.0098
户主受教育程度	0.0785***	0.0313
家庭规模	0.0105	0.0042
家庭负担	－0.3387	－0.1351
家庭健康资本	0.4206***	0.1678
家庭财富	0.0875	0.0349
家庭收入水平	0.0198	0.0079
社区医疗价格	0.0098**	0.0039
医疗可及性	0.0174*	0.0069
社区基尼系数	0.3593	0.1433
东部	1.3372***	0.4841
中部	－0.1891	－0.0753
常数项	－0.2000	
Log Likelihood = －340.5679 LR Chi2（13）=158.90 Prob > Chi2 =0.0000 Pseudo R2 =0.1892		

户主是男性的家庭参与新农合的概率大于户主是女性的家庭。一般来说，性别的差异会造成人的性格、对事物的认识等方面的差异。男性由于整体上眼光相对长远，所以在新农合参与决策上，更倾向于选择参与。

户主年龄对家庭参与决策的影响为负。这可能是年龄大的户主思想比较固执，健康保险意识较弱，从而影响其参与新农合的决策。

受教育程度会影响到个人素质的高低以及对医疗保险价值的感知和保险意识。教育程度越高，在面临疾病风险的情况下，对医疗保险如何提供有效的保护及补偿机制有更好的了解，同时他们对风险规避的意识也越强，往往更愿意在保险上配置家庭预算，积极主动地投保。因此户主受教育程度越高，参与新农合的概率越大。

家庭成员健康状况越差，参与新农合的概率越大，新型农村合作医疗制度在坚持“人人享有基本医疗卫生服务”的目标取向下更强调“互助共济”的性质，要求农民自愿参与，因此也就难以避免投保者向健康风险高的人群集中的问题，即所谓的“逆向选择”。

社区医疗价格以及医疗可及性与农户参合概率呈正相关，医疗价格越贵，离医疗机构越远，农户参合概率越大。

其他因素虽然没有通过显著性检验，但也被包括在估算倾向值的模型中。表7-4的估计式满足变量平衡条件①。

通过表7-4估计获得的倾向分值，我们将新农合参与农户与对应的控制组进行匹配，通过对比参与新农合的农户与未参与新农合，但分值相近的农户，可以分析新农合制度对缓解因病致贫的政策效果。表7-5列出了用两种匹配方法计算的结果，分别是最近相邻法（Nearest Neighbor Matching）和可耐儿匹配法（Kernel Matching）。新农合制度缓解因病致贫的政策效果，我们主要通过因病致贫率以及因病致贫程度两个指标予以考查。第一列 $E(Y_i^1|D_i=1)$ 为参合农户因病致贫以及因病致贫程度的均值，第二列 $E(Y_i^0|D_i=1)$ 为参合农户在假设没有参与下的因病致贫率以及因病致贫程度的均值，第三列 *ATT* 为第一列与第二列的差，表示新农合制度的政策效果，表示参合农户与未参合农户因病致贫期望值的差异。两种匹配方法结果均显示 *ATT* 为负值，这表明参合农户的因病致贫率及因病致贫程度小于未参合农户的，新农合制度能够起到缓解因病致贫的政策效果，这也符合制度的初衷。但是从统计结果看，两者差异并不显著，从而进一步验证了新农合制度对缓解因病致贫的作用是微小的。

---

① 应用Stata命令Pscore。

表 7－5 新农合的政策效果评价

	$E(Y_i^1 \mid D_i=1)$	$E(Y_i^0 \mid D_i=1)$	ATT	T 值
最近相邻法（Nearest Neighbor Matching）				
因病致贫率	0.0702	0.1579	－0.0877	－2.35
因病致贫程度	0.1845	0.2230	－0.0385	－0.24
可耐儿匹配法（Kernel Matching）				
因病致贫率	0.0702	0.1544	－0.0842	－2.35
因病致贫程度	0.1845	0.1919	－0.0074	－0.05

表 7－6 新农合对不同收入水平农户因病致贫率影响

	$E(Y_i^1 \mid D_i = 1)$	$E(Y_i^0 \mid D_i = 1)$	ATT	T 值
最近相邻法（Nearest Neighbor Matching）				
低收入	0.3750	0.5750	－0.2000	－1.67
中低收入	0.0000	0.1276	－0.1276	－2.70
中等收入	0.0000	0.0133	－0.0133	－0.44
中高收入	0.0395	0.0000	0.0395	1.76
高收入	0.0000	0.0000	0.0000	—
可耐儿匹配法（Kernel Matching）				
低收入	0.3810	0.5967	－0.2158	－1.87
中低收入	0.0000	0.0601	－0.0601	－1.14
中等收入	0.0000	0.0104	－0.0104	－0.32
中高收入	0.0429	0.0000	0.0429	1.76
高收入	0.0000	0.0000	0.0000	—

为了比较不同收入水平农户从新农合制度中获得的受益情况，表 7－6 和表 7－7显示了新农合制度对不同收入水平农户因病致贫率及因病致贫程度的影响。数据显示，低收入、中低收入以及中等收入农户家庭因病致贫率及因病致贫程度的 *ATT* 值为负值，表明新农合制度对于缓解因病致贫的效果主要作用于较低收入阶层。这种现象与实际情况是相符的。对于高收入阶层来说，其收入水平远远高于贫困标准，即使有医疗支出，也不至于使其陷入贫困的境地。因此新农合制度对缓解因病致贫的效果主要存在于收入较低阶层。另外，在较低收入阶层内部，新农合制度缓解疾病风险的效果也并不均等。从因病致贫发生率来看，新农合制度对低收入阶层的作用效果最大；从降低因病致贫程度来看，对中低收入阶层的作用效果最大。

表7－7　新农合对不同收入水平农户因病致贫程度影响

	$E(Y_i^1 \mid D_i = 1)$	$E(Y_i^0 \mid D_i = 1)$	ATT	T值
最近相邻法（Nearest Neighbor Matching）				
低收入	0.2299	0.3467	－0.1168	－1.02
中低收入	0.0000	0.8521	－0.8521	－3.31
中等收入	0.0000	0.1761	－0.1761	－0.44
中高收入	0.5494	0.0000	0.5494	1.26
高收入	0.0000	0.0000	0.0000	—
可耐儿匹配法（Kernel Matching）				
低收入	0.2473	0.4257	－0.1784	－1.56
中低收入	0.0000	0.2348	－0.2348	－0.82
中等收入	0.0000	0.1374	－0.1374	－0.32
中高收入	0.5965	0.0000	0.5965	1.26
高收入	0.0000	0.0000	0.0000	—

值得注意的是，对于中高收入阶层，新农合制度的政策效果显示为正，即在没有参与新农合的情况下，不存在贫困现象，而参与新农合后，因病致贫发生率和因病致贫程度显示为正，这点也是可以理解的，这正说明了医疗保险领域中道德风险的存在。一方面，被保险人由于参与了新农合而不注意爱惜自己的身体，如抽烟、酗酒等行为就可能增大疾病风险发生的可能性。同时也可能存在“小病大养”，导致医疗费用支出的增大。另一方面，由于医疗的专业性、技术性以及医疗市场上医患之间的信息不对称，医生可能根据自己的信息优势，提供过量的医疗服务。这两方面作用综合，导致上述现象的存在。

第四节　对结果的进一步解释

本章的主要目的在于分析新农合制度对缓解因病致贫的作用效果，从而验证研究假说2。对CHNS调查2006年的农村数据的实证结果表明，新农合制度能够在一定程度上缓解因病致贫，符合制度设计的初衷，但效果并不十分明显，作用有限，而且新农合制度对不同收入人群缓解因病致贫的效果存在不平等性，究其原因，主要表现为以下几个方面：

（1）筹资水平过低。从样本中新农合实施地区的实践操作来看，参保农民每人缴纳多数为10元或15元，再加上政府的补贴，其筹资水平仍旧偏低。在当前医疗费用如此高昂的情况下，还不足以解决农民因病致贫、因病返贫的问题。特别是对于贫困家庭来说，由于其收入水平较低，即使参加了合作医疗，很有可能因为不具备自付能力而享受不到新型农村合作医疗制度的好处，从而限制了缓解因病致贫的效果。

（2）农户参与积极性不高。在样本人群中，农户的实际参合率仅为62%，这也限制了新农合制度缓解因病致贫的效果。新农合制度坚持农户自愿参加的原则，但是以下几种情形直接影响农户参与的热情：一是受经济条件限制和传统观念影响，自我保健意识以及互助共济观念淡薄，没有兴趣参与新农合；二是部分农户的存在从众心态，“别人不参加我也不参加”；三是部分已参合农户对新农合的制度了解不够，没有从中得到现实的利益，从而产生偏见，不愿再次参与，甚至发表负面言论，影响其他农户的决策。

（3）实际报销比例偏低。对于大多数农户来说，真正对家庭经济状况造成影响的是大病。新型农村合作医疗制度以大病统筹为主，其缓解因病致贫的作用力度主要表现为医疗费用的报销，但是为了防止保险领域普遍存在的逆向选择与道德风险，补偿都设有一定的起付线和封顶线，这就限制了报销的比例，不可能对所有医疗费用实施全额补偿。而且由于新农合补偿往往与就诊相联系，所以贫困家庭即使参加了合作医疗也无力承担大病医疗支出，难以防范贫困的风险。而对于高收入者，对医疗服务的购买能力和自我支付能力越强，因而所获得的补偿越多，从而使得新农合的补偿存在不平等性，风险化解机会很难均等地提供给每个参与者，往往出现“劫贫济富”的现象。

（4）医疗保障补偿的对象是患病者治疗过程中所发生的医疗费用，其具备收入效应，或者能够起到缓解因病致贫作用的一个潜在假定是不健康的状况可以通过适当的医疗行为得到恢复，健康冲击影响的仅仅是农户的医疗支出，也就是直接医疗负担。但是，健康冲击的影响远不如此，一方面并不是所有疾病通过现有的医疗技术都可以得到治愈，另一方面健康冲击对农户的影响还在于收入能力的损失，在某些情况下，因疾病而导致的收入能力的损失甚至大于医疗费用支出，而这部分是不可以通过保险得到补偿的，从这个角度考虑，也可以解释为什么目前的新型农村合作医疗制度缓解因病致贫的作用有限。

第八章　非正式风险应对策略缓解因病致贫的作用效果——以社会网络内风险统筹为例

作为健康风险的应对机制，医疗保险制度（包括新型农村合作医疗制度，商业保险等）是正式的分担机制。但是，由于我国农村地区健康风险保障体系十分薄弱，因此在我国农村地区还广泛存在着非正式的风险分担机制。非正式的风险分担机制指除市场和公共部门提供的各类各层风险分担机制以外的，人们自发形成的在局部化的组织层次内一定程度上实现对个体损失进行分摊功能的一种制度安排（马敬东，2007）。通常包括社会网络内风险统筹机制以及跨时期消费平滑机制（马小勇，2009），前者主要存在于一定的社会网络内部，如扩大的家庭、社区等，表现为包括实物帮助、亲友馈赠、劳动替代、亲友间借贷[①]等形式，后者主要变现为储蓄和正式借贷等形式。在此我们侧重于社会网络风险统筹机制，重点考察其对缓解因病致贫的作用效果。

第一节　社会网络内风险统筹存在的动因

一、中国传统文化的特征：关系本位

以私人关系社会网络作为风险应对机制，其存在的基础在于几千年的儒家文化传统观念使我国的伦理观念不像西方社会那样过重强调个人的价值，一切从自己的利益出发，以达到个人利益的最大化，而是更注重家庭整体的利益与价值，

① 社会网络内借贷具有明显的状态依存特征，通常被认为属于社会网络内风险统筹。普兰纳布·巴德汉．发展微观经济学［M］．陶然等译，北京：北京大学出版社，2002.

强调家庭成员之间的互助，要求个人服从家庭、群体的利益。梁漱溟先生也曾用“伦理本位”或“关系本位”来形容传统中国。首先，行动者时时处于各种关系之中；其次，这些关系“差序”，而非“等序”的，行动者在这种“关系序列”中定位自己，从而实现自己的利益。另外，按照费孝通的差序格局理论，农户的社会范围以“己”为核心，沿着“自家人”、“自己人”、“外人”像水波纹一样外推出去，愈推愈远，也愈推愈薄，最终形成一个内外不同、生熟有别的类似同心波纹的人际关系网（费孝通，1985）。这就更突出了中国农村是一个“关系社会”、“熟人社会”的社会性质。这种关系取向附着于一定的社会结构中，强化成制度化的积淀，并形成带有“圈子主义精神”的“熟人信任” （赵泉民，2007）。在这种“信任”下，依赖非正式的社会关系和非正式的制度安排就有了存在的基础，而且传统的社会网络作为一种长期的制度安排，目前仍具有很大的惯性。

二、农户的生存伦理

詹姆斯·C. 斯科特在《农民的道义经济学：东南亚的反叛与生存》提出了“生存伦理”的概念，生存伦理是一种道德原则和生存权利。在农户面临严重的风险而又缺乏足够的应对风险的资源时，常常会陷入生存危机。正如托尼描述的：“有些地区农村人口的境况，就像一个人长久地站在齐脖深的河水中，只要涌来一阵细浪，就会陷入灭顶之灾。”在这种情况下，斯科特认为农户是风险回避的，首先考虑的是如何生存下去，其行为遵循“安全第一”的原则。为了应对经济危机，在生存伦理的制约下，除了家庭层次上的“自救”行为，在家庭之外，存在一整套网络和机构，对经济危机起到减震器的作用。一个人的亲属、朋友、村庄、有力的保护人，甚至包括政府，都会帮助他渡过疾病的难关（詹姆斯·C. 斯科特，2001）。这些网络和机构即非正规的风险分担机制。

三、非正式风险分担机制的优势

从历史发展看，非正式分担机制早于正式的保险机制。类似于正式保险机制，非正式的分担机制同样能够达到抵御疾病风险，保证医疗费用的正常支付，从而平滑消费，不至于使家庭陷入贫困的境地。非正式的风险分担机制存在明显的个性特征。首先，健康风险的非正式分担机制存在具有明显的外部约束性，也就是说起存在和发展的空间在于我国农村地区医疗保障制度不健全，正式的保险机制不能完全化解农户的健康风险。其次，健康风险的非正式分担机制具有一定的隐匿性，其往往存在于传统的风俗、行为习惯及非正式团体网络中。再次，相对于正式的保险机制，以亲缘、邻里关系为基础的非正式风险分担机制具有信息

优势，对彼此的相关情况有明确的认知，可以避免逆向选择和道德风险问题。最后，贫困者受到资源和能力的限制，可能享受不到商业保险、社会医疗保险等正式的风险分担机制的益处，从而加剧社会的不公平。但是健康风险的非正式分担机制建立在相关社会成员互惠互助的前提下，各成员均有机会获得，因此具有相对公平性。

第二节 社会网络内风险统筹机制的功能和机理

社会网络内风险统筹机制最大的功能在于，借助关系网络内的社会资源分摊个体遭遇的风险，斯科特在考察东南亚农民政治行为中时就曾指出，近亲近邻的帮助、朋友的互惠和村庄的帮助是农民陷入经济危机时的防范措施和减震器，可以帮助渡过难关，而这些“防范措施”和“减震器”就是我们所说的社会网络内风险统筹机制。当社会网络中的某个成员遭受风险冲击时，其他成员提供相应的帮助，从而减少或消除风险给福利造成的负面影响。帮助的形式可以体现为提供各种物质帮助，如经济支持、劳动支持等，也可以体现为其提供必要的情感支持，如表示同情、给予鼓励等，或者体现为提供相应的信息，如就业信息或机会，以提高其获取收入的能力。简言之，社会关系网络是获得社会保障和社会支持的重要渠道。科尔曼也曾指出，“社会资本的重要功能之一就是社会保障和社会支持”。而社会资本从表现形式上看就是社会关系网络（张其仔，1997），如血缘关系网络、地缘关系网络、业缘关系网络等。因此，包括家庭、家族、亲戚朋友、社区以及非营利机构等非正式支持网络和自然支持网络涵盖的领域即社会资本发挥保障功能的空间。社会资本越多，或者说社会关系网络越紧密，获得的社会支持也就越多，抗风险的能力也随之增强，在面临经济脆弱和贫困的时候也就处于更有利的地位。

社会网络内社会资源的流动使网络内成员的风险分摊成为可能。“一旦农民依赖亲属……他就让渡了对方对于自己的劳动和资源的索要权。当助其解困的亲友遇到麻烦而他有可能帮助时，亲友们可以指望得到同样的帮助”，也就是说，社会支持不光是一种单向的关怀或帮助，在多数情形下表现为一种社会交换，是社会网络内各成员之间有价值的资源的交换（卜长莉，2008）。但这种交换也并不是完全等价的，或要求交换双方之间的馈赠是完全互惠的，给予者的预期只是要求“一旦他的收入临时下降时，社区中某一个当时收入较高的人会向他施予馈赠”（Sahlines，1972）。Fafchalnps（1992）的研究也指出，对接受援助的人们的期望只是在其他成员陷于困境时能够提供帮助，至于提供多大程度的帮助，则取决于具体的情况，并不要求回馈的数量完全相等①。

第三节　实证分析结果

根据前文的研究，农户的健康冲击会增大其陷入贫困，甚至是长期贫困的概率，而在小家庭外部的以血缘、亲缘关系或地缘为纽带形成的“大家庭”，组成了以农户社会关系网络为基础的风险分担团体，它赋予了个体农户相应程度的群体保障力，对家庭内部的人们起着非正式的风险保障作用，可以为个体农户在遭受健康冲击后陷入贫困提供最后一道防线，使农户抵御健康风险的能力更大，同时分散因病致贫的隐患。在实证分析中，我们选取亲友馈赠作为社会网络内风险统筹机制，通过建立相应模型分析它对缓解因病致贫的实际效果。

鉴于第七章在分析正式风险分担机制——新型农村合作医疗制度对缓解因病致贫效果时采用的 CHNS 调查 2006 年的农户家庭数据，所以在分析非正式分担机制对缓解因病致贫效果时也仅仅采用 2006 年的数据。亲友馈赠价值包括两部分，即来自亲戚朋友赠送的实物价值和现金收入。②

在前文贫困决定因素的分析框架基础上加入了亲友馈赠变量，并通过亲友馈赠与健康冲击的交互项，重点考察社会网络内风险统筹机制对农户贫困的影响以及对因病致贫的影响。由于贫困是二分变量，所以仍旧选择 Probit 模型进行分析，并通过 Biprobit 模型检验修正健康冲击变量的内生性问题。

表 8－1　社会网络内风险统筹机制对农户贫困影响的回归结果

	Probit		Biprobit	
健康冲击	0.3684**	0.7678**	2.7432***	2.8507***
亲友馈赠	－0.0004***	－0.0003***	－0.0003***	－0.0002***
亲友馈赠*健康冲击		－0.0004		－0.0001
户主性别	－0.0838	－0.0861	－0.5673*	－0.5705*
户主年龄	0.0114*	0.0109	0.0148*	0.0144*

① 范飞．家庭馈赠对医疗保险需求的影响——一个非正式风险分担机制的视角．复旦大学硕士学位论文，2008.

② 在 CHNS 2006 年的农户调查问卷中对应的编号为 J7a、J7b、J7c、J9b、J9d、J9f。

续表

	Probit		Biprobit	
户主受教育程度	-0.0435**	-0.0435**	-0.0284	-0.0290*
家庭财富	-0.1027	-0.1023	-0.0650	-0.0654
农业收入比重	-0.0046***	-0.0046***	-0.0032*	-0.0032*
家庭负担系数	0.0680	0.0836	0.0696	0.0691
基尼系数	2.4513***	2.4101***	3.0608***	3.0128***
东部地区	-0.3898**	-0.3622***	-0.3301***	-0.2945**
中部地区	-0.0134	-0.0305	-0.0724	-0.1036
常数项	-2.1219***	-2.1277***	-2.5526***	-2.5479***
Log Likelihood	-306.5302	-305.3903	-402.3686	-402.0758
LR Chi2	109.95	112.238		
Prob > Chi2	0.0000	0.0000		
Pseudo R2	0.1521	0.1552		
Wald Chi2			939.53	947.44
Prob > Chi2			0.0000	0.0000
Likelihood - ratio Test of ρ（e; u）=0			Chi2（1）=13.1033 Prob≥chi2 =0.0003	Chi2（1）=11.9926 Prob > Chi2 =0.0005

表8-1给出了亲友馈赠影响农户贫困的回归结果，Biprobit模型的Likelihood-Ratio检验表明，健康冲击是内生变量，因此我们主要基于Biprobit模型进行分析。首先，亲友馈赠的回归系数为负，并且在1%的水平上显著，也就是说非正式的风险应对机制能够显著地降低农户陷入贫困的概率。其次，亲友馈赠与健康冲击交互项的系数也为负，同样表明非正式的风险应对机制有助于抵御家庭遭受的健康负向冲击，但统计上并不显著。非正式风险应对机制的功能，取决于家庭自身资源、风险特征等因素，当健康风险造成的经济损失超过社会网络内的保险能力时，其缓解贫困的作用就受到限制。同时，在通常情况下，同一家族所处的经济社会环境相差不大，特别是对于低收入家庭，社会网络资源有限，因此通过非正式风险分担机制缓解因病致贫的效果也就表现得不明显。

另外，其他变量的回归基本与预期相符，在此不再加以阐述。

第四节 对结果的进一步解释

诺斯曾经说过“几乎任何制度都要好于无制度”，人们不可能在完全无制度的条件下生活。这样，在正式制度安排缺失的时候，人们就会选择非正式制度安排作为一种替代品（赵延东、风笑天，2000）。因此农户在面临大病冲击时，依靠非正式的应对机制来化解疾病的经济风险。这也是农户的“理性选择”。农户家庭作为“疾病治疗管理的基本单位”，能够对小风险进行自保，当经过自身努力（动用储蓄、减少消费）仍不能应付时，继而依赖扩大的家庭进行风险分担。

本节在对社会网络内风险统筹机制的存在动因、功能及机理分析的基础上，将亲友馈赠作为非正式风险应对机制的代表，实证分析了亲友馈赠对缓解因病致贫的效果。研究结果表明亲友馈赠能够减缓经济贫困，但对于缓解因病致贫的作用不明显。对于农村居民来说，由于他们的资源有限，传统的社会网络关系主要是亲戚和邻居，社会资本的半径小、且网络的异质性较差，缺乏具有经济实力优越、社会地位较高的网络成员，网络内的收入转移频率较低或者数目偏低，因此从社会网络获得的经济支持也就略显不足，不能有效化解大病冲击引起的贫困风险。或者当某个传统社会网络内的收入差距变大时，虽然我们强调非正式的风险应对机制并不要求完全对等的互惠，但在收入悬殊很大时，高收入期望在自己遭遇经济危机时从低收入者那获得资助的概率和数目都将减小，从而不愿意向低收入者伸出援助之手。另外，虽然蒋远胜曾指出非正式的保险制度安排具有交易成本低、信息较对称，所以逆向选择少和道德风险低等优点，但是在现代工业化转型过程中，农村人口的流动性加大，社会网络内的信任程度以及信息流动减小，从而影响了社会网络内风险统筹机制的作用大小。社会关系网络的特性决定了它的地位是非正式的资源配置形式，是正式制度的替代品。所以随着社会的发展，正式的健康保障制度趋于成熟，其所起的作用逐渐降低也是可以理解的。

第九章　结论和政策建议

第一节　全书总结

本书基于能力贫困的视角，以实际遭受的健康冲击作为研究的逻辑起点，将健康冲击、贫困以及健康风险应对策略纳入统一的风险链的分析框架，全书主要开展了以下两方面的研究工作：

一方面，借鉴可持续生计框架的思想，分析了因病致贫以及因贫致病的作用机制，论证了健康冲击不仅影响短期贫困，还可能对农户的长期福利产生负面影响，从而陷入长期贫困。在此基础上，阐述了目前我国农村因病致贫的宏观现状，并利用微观纵向数据，分别从静态和动态、短期和长期方面探讨了疾病与贫困间的相互关系及发展过程。更进一步运用计量模型实证分析健康冲击对贫困、贫困动态变化以及长期贫困的影响。

另一方面，侧重于风险应对，对新型农村合作医疗制度以及社会网络内风险统筹机制缓解因病致贫的功效进行了理论分析和经验检验。

通过以上的研究工作，本书得出了以下主要结论：

（1）虽然农村的经济社会取得了快速发展，但农村经济仍相对落后，农民收入水平偏低。同时，自20世纪80年代中期以来，我国农村居民人均医疗保健支出一直保持上升的态势，农村地区次均门诊费用和平均住院费用上涨速度甚至超过了农村居民人均收入的增长速度。面对高昂的医疗费用，患者有病不就诊，应住院而不住院，对医疗服务的有效需求不足，因病致贫、因病返贫现象严重，阻碍了农村经济社会的进一步发展。究其原因，可以归结为：一方面，政府对卫生服务投入不足，且在医疗资源的分布上存在城乡差异，所以农户获得医疗保健卫生服务的能力相对较差，面临较大的健康风险；另一方面，“以药养医”、按项目收费等卫生经济政策刺激了医疗机构强烈的趋利动机，再加上医患之间的信息不对称，导致医疗费用高涨，而同时农村医疗保障的体制还不健全，致使农户面对疾病，尤其是大病重病时，无法承受沉重的医疗负担，迫使其陷入贫困的境地。

（2）在微观数据的样本区间内，我国农村居民的健康状况有下降的趋势，而且不同特征农村居民的健康状况具有差异性。疾病带来的直接经济损失处于增加的态势，而间接经济损失出现降低的态势，但直接经济损失的基数以及变化的幅度均大于间接经济损失，因此疾病给家庭带来的损失还是不断增加的。虽然我国农村贫困状况不断得到改善，但也存在反复与波动，加上贫困户更易受到健康冲击，因此疾病仍然是我国农村致贫的重要原因之一，由此形成健康与贫困的恶性循环。

（3）受过健康冲击的农户陷入贫困的概率更大，且年份越近，健康冲击对贫困的影响越大，这与国家卫生服务调查显示的因病致贫率的逐步上升具有一致性。考虑动态过程，健康冲击一方面增大了贫困农户脱贫的脆弱性，另一方面加大了非贫困户进入贫困的风险，因此对退出贫困的影响为负，而对进入贫困以及保持贫困的影响为正。而且健康冲击不仅在短期内对贫困的动态变化产生影响，还会影响家庭长期收入水平的增长，在长期内影响贫困的动态变化，从而对家庭的长期贫困产生影响，使家庭陷入贫病交加的恶性循环。但相对而言，健康冲击在短期贫困的影响较大，而对长期贫困的影响略微有所减小。

（4）新型农村合作医疗制度作为农村地区正式的健康风险应对机制之一，能够在一定程度上缓解因病致贫，符合制度设计的初衷，但效果并不十分明显，作用有限。由于当年样本中新农合实施地区的参保农民每人缴纳多数为 10 元或 15 元，筹资水平偏低，不足以解决农民因病致贫、因病返贫的问题。特别是对于贫困家庭来说，即使参加了合作医疗，很有可能因为不具备自付能力而享受不到新型农村合作医疗制度的好处，从而限制了缓解因病致贫的效果。另外，为了防止保险领域的逆向选择与道德风险，补偿都设有一定的起付线和封顶线，不可能实施全额补偿。收入越高，对医疗服务的购买能力和自我支付能力越强，获得的补偿也就越多，这导致新农合制度对不同收入人群缓解因病致贫的效果存在不均等性，低收入阶层从新农合制度中的受益程度要小于较高收入阶层。

（5）在“关系本位”的农村社会，社会网络内风险统筹作为正式应对机制的补充，起着非正式的风险保障作用，可以为个体农户在遭受健康冲击后提供最后一道防线。分析结果显示，亲友馈赠能够减缓经济贫困，但对于缓解因病致贫的作用不明显。

第二节　政策建议

健康是人类的基本权利，消除健康贫困是人类当前主要任务之一。而且保障社会成员的身体健康，减轻农户的疾病负担是政府义不容辞的责任。基于本书的研究结论，为了更好地解决农居民看病难、看病贵的问题，进一步打破健康与贫困的恶性循环，从而彻底杜绝因病致贫、因病返贫现象，我们拟提出以下政策建议：

一、通过多种途径提高农户收入，增强农户的支付能力

提高农户经济收入，可以提高他们对基本医疗保健服务费用的支付能力。另外，收入较高的农户积累的财富较多，贫困脆弱性较低，防范风险的能力也更强。首先，农业收入是农户收入的主要来源，因此，政府应该加强对农村地区的财政支持力度，改善农业基础设施和环境，并充分开发和利用当地资源，通过资金、技术、信息、人才以及政策方面的支持调整农业产业结构，特别是引导当地发展特色农业和高效农业，切实提高农业经营家庭的收入水平。其次，多样化农户的收入来源。这可以通过以下途径实现：加快农村工业化进程，重视集体经济的发展，以增加当地农户非农就业机会，同时鼓励农村剩余劳动力的转移，逐步取消户籍限制，打破城乡二元分割的局面，从而提高工资性收入在农户家庭收入中的比例。还可以通过激活个体私营经济，实现农户在非农产业方面的增收。

二、提高农户人力资本存量，增强其自身发展能力

贫困不仅表现为收入的低下，更意味着能力的匮乏，因此要从根本上消除健康贫困，必须加大人力资本投资，提高农户的自身素质。

（1）全面落实义务教育，保障受教育权利的公平性，并加强职业教育培训，提高劳动力素质，不断增强农村居民的就业能力、收入获取能力以及适应现代生活的能力。

（2）加大对农村的健康教育宣传，特别是关于医疗卫生知识方面的教育，同时建立健康行为规范示范榜样，以此改变农民传统的、落后的、不健康的行为，减少因不良的生活习惯引起的疾病的发生。

（3）提高农民的保健意识，引导、培养他们进行健康投资和主动预防的社会心理，形成健康科学的消费方式，从而保证合理的营养摄入，并增加对保健服

务的消费，这也是提高健康人力资本的一个基本途径。

三、健全健康保险制度，推进正规风险应对机制的建设

减少穷人的健康风险，对灾难性的医疗费用提高保险，是农户所能获得的正式的健康风险应对策略，也是减轻贫困战略的重要组成部分。

（1）应逐步完善目前农村正在实施的新型农村合作医疗制度，加强政府的补贴力度，规范报销手续，增强制度对农户的吸引力，提高农户的真实参与意愿。在制度设计上，提升统筹层次，考虑在县、乡为基本统筹单位的基础上，创造条件向市、省级统筹过度，以增大基金规模，在更大的范围内分散风险。另外，合理确定补偿内容和补偿水平，在考虑大病统筹的同时，适当地对小额医疗费给予补助，并结合当地的实际情况，科学确定补偿水平，保持基金的收支平衡、略有结余，使制度本身真正能够取得减少因病致贫的效果。

（2）加强医疗救助制度的建设。处于贫困线边缘的农户在重大疾病负担的打击下，有可能成为新增的长期贫困人口。而财政支持下的新农合制度是一种区域性的普惠制度，对贫困人口的效果有限，因此需要实行专门针对特困人群的特惠制度，来应对残余的健康经济风险，而医疗救助制度正具备这样的安全阀的作用。在制度设计上应将其与新型农村合作医疗制度有机结合起来，充分考虑制度的衔接性，使两者相互促进、相互推进，保障贫困农户能够享受到基本医疗卫生服务。

（3）鼓励和引导商业医疗保险的发展。商业医疗保险能够适应高层次、特殊的医疗需求，发挥全面保障的优点，一定程度上缓解仅靠社会医疗保险运作、过分依赖国家财政所带来的保障面不足、保障力度不够等诸多问题。因此在农村健康保障制度的建设过程中，特别是在经济发达地区农村，应积极拓展商业保险领域，宣传发动农民参加商业医疗保险，处理好基本保障和保大病的问题。另外，在建立新型农村合作医疗中也可以引入商业保险的模式，尝试建立“政府组织引导，保险公司承办，定点医疗机构提供医疗服务，市、县新型农村合作医疗监督管理机构及相关部门监督管理”的基本运行模式，推进新型农村合作医疗的深入开展和农村医疗事业的长运发展。

四、强化农户非正规的健康风险应对机制

世界银行曾提出不同层次的风险化解措施，其中更是强调了正规制度和非正规制度的结合。在缺乏正规保障手段的情况下，农户依赖非正规的保障机制，有其地方适应性和需求导向性，是农户的理性选择。虽然社会关系网络功能在经济转型的背景下有弱化的趋势，但作为一种绵延数千年的制度安排，仍然具有很大

的惯性。因此，在构建正规的健康风险应对机制的同时，也不能忽略非正规制度的强大功能，政府可以给予正确的引导和支持，比如提倡建立和谐的家庭关系，鼓励农户参与社区事务以帮助建立和扩大社会关系网络；利用农户自发形成的一些技术经济协会、经济组织等社会网络，引导其形成在生活方面的互助机制，使其成为正规的风险应对机制的有力补充；可以通过完善农村金融市场的建设，鼓励并规范非正式信贷的发展，从而充分发挥跨期平滑机制在农户风险应对方面的巨大潜力。

第三节 进一步的研究展望

本书对健康冲击、贫困以及风险应对机制之间的关系是初步的、尝试性的，限于数据资料，本书还存在很多不足。具体来说，表现在以下几个方面，并可以作为今后进一步研究的方向：

（1）虽然本书理论分析部分指出了疾病对贫困产生影响的可能作用路径，但实证部分并没有展开逐一分析，另外农户的某些风险应对策略有时会对农户今后的生产生活产生消极影响，而对这一问题的研究，无论从理论角度还是实践角度，均具有重要意义，本书也未能对这一关系进行检验，对于这些问题，需要进一步搜集实地调查资料，以使全书的分析体系更加充实、饱满。

（2）本书以农户为主体，分析了其健康风险应对策略，没有涉及风险预防、风险缓和策略，更没有深入探讨其他风险管理主体，如政府、社区、NGO 对健康风险的管理策略及其与农户自身策略之间的互动，这是未来可能开展的另一个研究的方向，以期形成更完整的农村健康风险管理的制度安排。

参考文献

[1] Alex Z Fu PH. D. 倾向得分法综述 [J]. 唐艳，陈刚译. 中国药物经济学，2008（2）.

[2] 阿玛蒂亚·森. 以自由看待发展 [M]. 北京：中国人民大学出版社，2002.

[3] 阿玛蒂亚·森. 印度：经济发展与社会机会 [M]. 北京：社会科学文献出版社，2006.

[4] 阿玛蒂亚·森. 论社会排斥 [J]. 新华文摘，2005（16）.

[5] 卜长莉. 社会资本是社会支持的重要渠道 [J]. 长春理工大学学报（社会科学版），2008（3）：1－3.

[6] 陈传波，丁士军. 中国小农户的风险及风险管理研究 [M]. 北京：中国财政经济出版社，2005.

[7] 陈迎春. 我国农村健康贫困及农村医疗保障制度理论与实践研究 [D]. 华中科技大学博士学位论文，2005.

[8] 陈迎春等. 新型农村合作医疗减缓"因病致贫"效果测量 [J]. 中国卫生经济，2005（8）：26－28.

[9] 陈玉萍，李哲，丁士军. 贫困地区农村劳动力大病经济成本分析——来自湖北省红安县的证据 [J]. 中国农村经济，2008（11）：67－73.

[10] 陈在余，蒯旭光. 农村新型合作医疗与农民的医疗保障 [J]. 中国人口科学，2007（3）：55－62.

[11] 蔡仁华主编. 中国医疗保障改革实用全书 [M]. 中国人事出版社，1998：344.

[12] 曹政. 新农合制度提前实现全覆盖 [N]. 健康报，2008－07－11.

[13] 费孝通. 乡土中国 [M]. 北京：三联书店，1985.

[14] 范飞. 家庭馈赠对医疗保险需求的影响——一个非正式风险分担机制的视角 [D]. 复旦大学硕士学位论文，2008.

[15] 樊桦．农村居民健康投资不足的经济学分析 [J]. 中国农村观察，2006 (1)：37－43.

[16] 樊明．健康经济学　健康对劳动市场表现的研究 [M]. 北京：社会科学文献出版社，2002.

[17] 封进，秦蓓．中国农村医疗消费行为变化及其政策含义 [J]. 世界经济文汇，2006 (1)：75－88.

[18] 高云红，张建华．贫困概念的演进 [J]. 改革，2006 (6)：113.

[19] 高梦滔，姚洋．健康风险冲击对农户收入的影响 [J]. 经济研究，2005 (12)：15－25.

[20] 高建民，周忠良．互助医疗与新型农村合作医疗缓解“因病致贫”的效果比较 [J]. 中国卫生经济，2007 (10)：30－33.

[21] 国情调查课题组．脆弱性与贫困：江苏李庄村实证分析 [J]. 现代经济探讨，2009 (7)：44－47.

[22] 郭熙保，罗知．论贫困概念的演进 [J]. 江西社会科学，2005 (11).

[23] 贾晓蓉，陈兴宝，张文忠，邵浩奇．上海市郊区新型农村合作医疗防止因病致贫能力研究 [J]. 卫生经济研究，2006 (1)：34－35.

[24] 蒋远胜，肖诗顺，宋青锋．家庭风险分担机制对农村医疗保险需求的影响——对四川省的初步调查报告 [J]. 人口与经济，2003 (1)：74－80.

[25] 蒋远胜，Joachim von Braun. 中国西部农户的疾病成本及其应对策略分析——基于一个四川省样本的经验研究 [J]. 中国农村经济，2005 (11)：33－39.

[26] 李小云，唐丽霞．艾滋病与贫困的关系研究 [J]. 中国农村观察，2005 (3)：63－71.

[27] 李扬，陈文辉．中国农村人身保险市场研究 [M]. 北京：经济管理出版社，2005.

[28] 李哲，陈玉萍，丁士军，Henry Lucas，Gerald Bloom. 农户处理大病风险及其经济损失的策略——基于湖北贫困县的研究 [J]. 管理评论，2009 (10)：116－122.

[29] 李哲，陈玉萍，丁士军．贫困地区农户大病风险处理策略研究（二）[J]. 生态经济，2008 (7)：33－36.

[30] 李剑阁．农民就业、农村金融和医疗卫生事业问题的几点意见 [M]. 第7辑，北京：中信出版社，2003.

[31] 罗力等．论新型农村合作医疗能否消除因病致贫 [J]. 中国卫生资源，2005 (11)：246－247.

[32] 刘洪钟，刘贵生．乌盟贫困地区因病致贫、因病返贫的调查 [J]. 卫

生经济研究，1998（8）：17－18.

［33］刘国恩，William H. Dow，傅正泓，John Akin. 中国的健康人力资本与收入增长［J］. 经济学季刊，2004，4（1）：101－117.

［34］林义. 强化我国社会风险管理的政策思路［J］. 经济社会体制比较，2002（6）.

［35］吕本友. 医疗服务市场的规范管理研究——信息不对称现象分析［J］. 管理论坛，2005（4）：42－47.

［36］马敬东，张亮. 农村贫困家庭健康风险及其干预策略［J］. 中国初级卫生保健，2005（5）：35－36.

［37］马敬东，张亮，张翔，胡洋. 农村贫困家庭健康风险管理中非正式分担机制分析［J］. 医学与社会，2007（5）：1－4.

［38］孟庆国，胡鞍钢. 消除健康贫困应成为农村卫生改革与发展的优先战略［J］. 中国卫生资源，2000（6）：245－249.

［39］马小勇. 中国农户的收入风险应对机制与消费波动［M］. 北京：中国经济出版社，2009.

［40］Philip H. Brown，Alan de Brauw，都阳. 新型农村合作医疗与农户消费行为［J］. 中国劳动经济学，2009（2）：1－29.

［41］普兰纳布·巴德汉（Pranab Bardhan），克利斯托弗·尤迪（Christopher Udry）. 发展微观经济学［M］. 陶然等译，北京：北京大学出版社，2002.

［42］乔勇，丁士军. 贫困地区农户应对疾病的筹资及效果：基于四川省阆中市的农户调查［J］. 中国卫生经济，2009（7）：16－19.

［43］乔益洁. 中国农村合作医疗制度的历史变迁［J］. 青海社会科学，2004（5）.

［44］让·德雷兹，阿玛蒂亚·森. 饥饿与公共行为（中文版）［M］. 北京：社会科学文献出版社，2006.

［45］史清华. 农户消费行为与家庭医疗保障［J］. 华南农业大学学报，2005（3）：1－9.

［46］世界银行. 1990年世界发展报告［M］. 北京：中国财政经济出版社，1990.

［47］世界银行. 1993年世界发展报告：投资于健康［M］. 北京：中国财政经济出版社，1993.

［48］世界银行. 2000/2001年世界发展报告［M］. 北京：中国财政经济出版社，2001.

［49］世界银行. 2006年世界发展报告［M］. 北京：中国财政经济出版

社，2006.

［50］舒尔茨．论人力资本投资［M］．北京：北京经济学院出版社，1990.

［51］孙昂，姚洋．劳动力的大病对家庭教育投资行为的影响——中国农村的研究［J］．世界经济文汇，2006（1）．

［52］史永丽，孙淑云．农村合作医疗制度的起源及其法律性质分析［J］．山西大学学报（哲社版），2006（4）．

［53］伍德里奇．横截面与面板数据的经济计量分析［M］．王忠玉译．北京：中国人民大学出版社，2007.

［54］魏众，B. 古斯塔夫森．中国居民医疗支出不公平性分析［J］．经济研究，2005（12）：26－33.

［55］魏众．健康对非农就业及其工资决定的影响［J］．经济研究，2004（2）：64－74.

［56］王遥平，李信．中国农村医疗保险的经济学视点——医疗服务理想与现实的碰撞［J］．农业经济问题，2004（3）：28－31.

［57］王曲，刘民权．健康的价值及若干决定因素：文献综述［J］．经济学季刊，2005（4）：1－52.

［58］王国祥．健康投资及其与农村贫困的关系研究［D］．浙江大学硕士学位论文，2007.

［59］王欢，张亮，马敬东，苏锦英．贫困农村地区健康风险管理中的整体社会网络分析——以贵州省某村庄为例［J］．中国卫生经济，2008（12）：31－34.

［60］王翌秋．中国农村居民医疗服务需求研究［D］．南京农业大学博士论文，2008.

［61］王洛林主编．减轻经济全球化中的健康脆弱性——中国农村案例研究［M］．北京：经济管理出版社，2008.

［62］汪燕敏．居民健康对我国农村居民相对贫困影响的实证研究［J］．卫生软科学，2009（8）：399－401.

［63］王艳萍．克服经济学的哲学贫困：阿玛蒂亚·森的经济思想研究［M］．北京：中国经济出版社，2003.

［64］王萍萍．中国贫困标准与国际贫困标准的比较研究［J］．中国国情国力，2006（9）．

［65］卫生部统计信息中心．第三次国家卫生服务调查分析报告［M］．中国协和医科大学出版社，2004.

［66］卫生部统计信息中心．2008 年中国卫生服务调查研究［M］．北京：中

国协和医科大学出版社，2009.

［67］解垩.医疗保险与城乡反贫困：1989－2006年［J］.财经研究，2008（12）：68－83.

［68］徐润龙等.浙江省三县新型农村合作医疗方案对解决“因病致贫”问题的作用评价［J］.中国卫生经济，2006（4）：36－37.

［69］项莉，陈增国.我国卫生领域非正常支付［J］.中国医院管理，2004（12）：66－68.

［70］尹爱田，刘永强，王垚，魏薇，俞水.农村慢性病病人家庭的疾病经济风险分析［J］.卫生经济研究，2006（12）：14－16.

［71］于浩，安迪.农村贫困地区居民高额医疗费用的应对策略［J］.中国卫生经济，1998（10）：42－45.

［72］杨红燕.中国农村合作医疗制度可持续发展研究［M］.中国社会科学出版社，2009.

［73］杨善发.中国农村合作医疗制度渊源、流变与当代发展［J］.安徽大学学报（哲学社会科学版），2009（3）.

［74］闫菊娥，高建民，周忠良.陕西省新型农村合作医疗缓解“因病致贫”效果研究［J］.中国卫生经济，2009（4）：59－61.

［75］张文静，李颖琰.河南省贫困农民的医疗费用、疾病经济风险和影响因素分析［J］.郑州大学学报（医学版），2007（3）：490－494.

［76］张秀兰.因病致贫和因贫致病的路径分析［J］.健康与发展国际研讨会.

［77］张车伟.营养、健康与效率——来自中国贫困农村的证据［J］.经济研究，2003（1）：3－12.

［78］张自宽等.关于我国农村合作医疗保健制度的回顾性研究［J］.中国农村卫生事业管理，1994（6）.

［79］张其仔.社会资本——社会资本与经济增长［M］.北京：社会科学文献出版社，1997.

［80］张蕙杰，蔡捷，王音.农村医疗卫生［M］.北京：同心出版社，2007.

［81］朱农，骆许蓓.收入增长、不平等和贫困——中国健康与营养调查数据分析［J］.中国人口科学，2008（2）.

［82］朱玲.农村医疗救助项目的效果［J］.卫生经济研究，2006（12）：25－26.

［83］赵忠.我国农村人口的健康状况及影响因素［J］.管理世界，2006（3）：78－85.

［84］赵泉明，李怡．关系网络与中国乡村社会的合作经济［J］．农业经济问题，2007（8）：40－46.

［85］赵延东，风笑天．社会资本、人力资本与下岗职工的再就业［J］．上海社会科学院学术季刊，2000（2）．

［86］詹姆斯·C. 斯科特（James C. Scott）．农民的道义经济学：东南亚的反叛与生存［M］．程立显，刘建等译，南京：译林出版社，2001.

［87］Amemiya T. Qualitative Response Models：A Survey［J］. Journal of Economic，1981，19（4）：483－536.

［88］Asfaw A. Costs of Illness，Demand for Medical Care and the Prospest of Community Health Insurance Schemes in the Rural Areas of Ethiopia. Peter Lang Europaeischer Verlag der Wissenschaft，2002.

［89］Bhargava A.，Jamison D.，L. J. Lau and C. J. L. Murray. Modeling the Effects of Health on Economic Growth［J］. Journal of Health Economics，2001（20）：423－440.

［90］Bloom D. E.，D. Canning and Sevilla J.. Effect of Health on Economic Growth：Theory and Evidence. NBER Working Paper，No. 8587，Cambridge，MA，2001.

［91］Dercon S. Assessing Vulnerability. Draft，Jesus College and CSAE，Department of Economics，Oxford University，2001.

［92］Dercon，S. The Impact of Economic Reforms on Rural Households in Ethiopia：A Study from 1989－1995. World Bank，2003.

［93］David Lawson. The Influence of Ill Health on Chronic and Transient Poverty：Evidence from Uganda. Chronic Poverty Research Centre Working Paper，2004（41）．

［94］Gertler，Paul and Gruber，Jonathan. Insuring Consumption against Illness. NBER working paper No. 6035.

［95］Green，W. H. Econometric Analysis［M］（5th edn）. Prentice Hall：Upper Saddle River，NJ，2003.

［96］Holzmann R. and S. Jorgensen. Social Protection as Social Risk Management：Conceptual Underpinnings for the Social Protection Sector Strategy Paper［J］. Journal of International Development，1999（11）：1005－1027.

［97］Holzmann R.，Jorgensen S. Social Protection as Social Risk Management：A new conceptual framework for social protection and beyond［Z］. Social Protection Discussion Working Paper，No. 6，World Bank，2000.

［98］Hulme D.，Shepherd A. Conceptualizing Chronic Poverty［J］. World Development, 2003, 31 (3): 403 -423.

[99] Hausman J. and McFadden D. Specification Tests for the Multinomial Logit model [J]. Econometrica, 1984 (52): 1219 -1240.

[100] Jalan, Jyotsna and Martin Ravallion. Determinants of Transient and Chronic Poverty: Evidence from Rural China. World Bank Policy Research Working Paper, 1998.

[101] Jowett M. Do Informal Risk Sharing Networks Crowd out Public Voluntary Health Insurance? Evidence from Vietnam [J]. Applied Economics 2003, 35 (10): 1153 -1161.

[102] Jan Pen. Income Distribution [J]. The Economic Journal, 1972 (82): 242 -244.

[103] Knapp L. G. and Seaks T. G. A Hausman Test for a Dummy Variable in Probit [J]. Applied Economics Letter, 1998 (5): 321 -323.

[104] Liu Yuanli, Rao Keqin and Hu Shanlian. People's Republic of China: Towards Establishing a Rural Protection System. Asian Development Bank, Publication stock 2002 No. 090902.

[105] Lowyck B. et al. A Study of the Family Burden of 150 Family Members of Schizophrenic Patients [J]. Eur Psychiatry, 2004, 19 (7): 395 -401.

[106] McFadden D. Conditional Logit Analysis of Qualitative Choice Behavior [M]. New York: Academic Press, 1974.

[107] Magliano L., Fiorillo A., De Rosa C., et al. Family Burden and Social Network in Schizophrenia vs. Physical Diseases: Preliminary Results from an Italian National Study [J]. Acta Psychiatr Scand Suppl, 2006 (429): 60 -63.

[108] Mushkin S. J. Health as an Investment [J]. Journal of Political Economy, 1962 (70).

[109] Michael Grossman. On the Concept of Health Capita land the Demand for Health [J]. Journal of Political Economy, 1972.

[110] McIntyre, D. et. al. What are the Economic Consequences for Households of Illness and of Paying for Health Care in low - and Middle - income Country Contexts? [J]. Social Science & Medicine, 2006 (62): 858 -865.

[111] Nanayan, D., R. Chambers, Shah M. K. & Petesch P. Crying Out for Change. Washington D. C.: World Bank, 2000.

[112] Over M. The Macroeconomics Impacts of AIDS in Sub - Saharan Africa. Population and Human Resources Department, World Bank, Mimeo, Washington

D. C. 1992.

[113] Rosen baum P. Rubin D. B. The Central Role of the Propensity Score in Observational Studies for Causal Effects [J]. Biometrika, 1983, 70 (1): 41 -55.

[114] Rosenzweig M. R. Risk, Implicitcontracts and the Family in Rural Areas of Low - income Countries [J]. The Economic Journal 1988, 98 (12): 1148 -1170.

[115] Sauerborn R. , A. Adams and M. Hien. Household Strategies to Cope With the Economic Cost of Illness [J]. Social Science and Medicine, 1996, 43 (3): 291 -301.

[116] Rafael Di Tella, R. M. Informal Family Insurance and the Design of the Welfare State, 2002: 481 -503.

[117] Sinha S. and M. Lipton. Undesirable Fluctuations, Risk and Poverty: A Review, Draft, World Bank (mimeo), 1999.

[118] Strauss, John. Does Better Nutrition Raise Farm Productivity [J]. Journal of Political Economy, 1986, 94 (2): 297 - 320.

[119] Sahn D. & Alderman H. The Effects of Human Capital on Wages, and the Determinants of Labor Supply in a Development Country [J]. Journal of Development Economics, 1988, 29 (2): 157 -183.

[120] Schultz T. and Tansel A. Wage and Labor Supply Effects of Illness in Cote D'Ivoire and Ghana: Instrument Variables Estimating for Day Disabled [J]. Journal of Development Economics, 1996, 53 (2): 251 - 286.

[121] Schultz T. P. Productivity Benefits of Improving Health: Evidence from Low - income Countries. Economic Growth Center Discussion Paper, Yale University, 2001.

[122] Smith, James P. Healthy Bodies and Thick Wallets: The Dual Relation between Health and Economic Status [J]. Journal of Economic Perspectives, 1999, 13 (2): 145 - 166.

[123] Sen, Binayak. Drivers of Escape and Descent: Changing Household Fortunes in Rural Bangladesh [J]. World Development, 2003, 31 (3): 513 -534.

[124] Sen A. Issues in the Measurement of Poverty [J]. Scandinavian Journal of Economics, 1979, 81 (2): 285 -307.

[125] Sauerborn, Rainer, Nougtara, Adams & Hien M. Seasonal Variations of the Household Costs of Illness in Burkina Faso [J]. Social Science and Medicine, 1996 (43) .

[126] Steven Russel. The Economic Burden of Illness for Households in Developing Countries: A Review of Studies Focusing on Malaria, Tuberculosis, and Human

Immunodeficiency Virus/Acquired Immunodeficiency Syndrome [J]. The American Society of Tropical Medicine and Hygiene, 2004, 71 (2): 147 -155.

[127] Steven Russel. Ability to Pay for Health Care: Concepts and Evidence [J]. Health Policy and Planning, 1996, 11 (3): 219 -237.

[128] Thomas, Duncan & Strauss, John. Health and Wages: Evidence on Men and Women in Urban Brazil [J]. Journal of Econometrics, 1997 (77): 159 -185.

[129] Wagle U. Rethinking Poverty: Definition and Measurement [J]. International Social Science Journal, 2002, 54 (171): 155 -165.

[130] Weinberge K. and Jutting J. Risk Management in Local Organizations: Some Evidences from Rural Chad [J]. Quarterly Journal of International Agriculture, 2000, 39 (3): 281 -299.

[131] Wu. S. The Effects of Health Events on the Economic Status of Married Couples [J]. Journal of Human Resources, 2003, 38 (1): 219 -230.

[132] Zhang Y. , Wan G. The Impact of Growth and Inequality or Rural Poverty in China [J]. Journal of Comparative Economics, 2006 (34): 694 -712.

后 记

本书是在我的博士论文的基础上修改完成的，这也是我的第一本个人专著。本书是由南京农业大学经济管理学院资助出版的，在论文即将出版之际，我再次想起在南农求学的日子，心中感慨万千，充满感激。

自2002年踏入美丽的南京农业大学，我在那里度过了人生最美好的八年青春时光，并有幸结识了许多令我终生感激不尽的人。正是得到他们的支持和鼓励，我逐渐学会了为人、处事和独立思考的能力。借此，我诚挚地感谢所有帮助过我的老师、同学、朋友和亲人。

首先，我要特别感谢我的导师常向阳教授。非常幸运，我能在常老师的悉心指导下完成硕士、博士阶段的学习，是常老师一步一步引领着我在经济研究领域不断前进。常老师以广博的学识、深厚的学术素养、严谨的治学之道、宽厚仁慈的胸怀，为我树立了终生学习的典范。我的博士论文从选题、构思到完成初稿、论文修改，直至最后定稿，每一阶段都凝聚着常老师大量的心血和睿智的思考。如今的出版，更是离不开常老师的指导与帮助。在学术之外，常老师给予我的更像是慈母般的关爱。现在我已经离开南京来到常州任教，体会到为人师的种种感受，常老师将是我一生学习的楷模。师恩难忘，在此谨向尊敬的常老师表示衷心的感谢，并祝愿身体永远安康。

感谢经管院给我授过课的钟甫宁、周应恒、周曙东、褚保金、苏群、朱晶、胡浩、陈超、应瑞瑶、孟令杰、何军等老师，正是他们孜孜不倦的“传道、授业、解惑”，使我能顺利完成学业。感谢周应恒、应瑞瑶、王树进、何军老师在论文开题时提出的意见和建议。感谢周曙东、王树进老师在预答辩过程中提出的修改意见以及给予我论文中肯建议的三位匿名评审人。同时，感谢答辩委员会的各位专家，他们是许承明、李东、钟甫宁、朱晶、陈超、张兵，同各位专家老师的当面交流，使我的论文得到了进一步的完善。感谢潘宏志、张梅、段荣静、徐淑伟等老师为我的学业做的很多服务工作。图书馆及院资料室的各位老师为本文资料的收集提供了许多便利，在此一并致谢。

感谢一直以来关心、支持、帮助我的同门师兄（弟）、师姐（妹）们，他们是李爱萍老师，戴国海、杨正兵、赵明、姚华锋、吴冲师兄，王怡、徐萍、马晓荣、樊晓艳、李香师姐，以及朱建军、丰志培、罗媛、刘媛、华红娟、周小琴、张晓英、薛琴枝、王璐、张路、丁厉文、沈文武、陶昌武、朱晓琳、高婧、李露、严政、顾鸣、林强、张倩等，他们是我一生的财富，怀念和感激与他们度过的美好时光。

南农八年的学生生涯是美好而愉快的。最令我难忘的，还是朝夕相处、共同奋斗的同窗好友。他们是纪月清、张蕾、张龙耀、吕挺、胡俊、滕瑜、陈彩虹、张蕾（舍友）、谭晓婷、李响……他们都已奔赴各自的工作岗位，在此谨祝他们事业有成，前程似锦。

最后，感谢给予我生命并养育我的父母，像中国大部分农民一样，他们朴实、善良、勤劳，为了子女的教育，他们任劳任怨，甘于清贫。而他们的理解和支持正是我不断前进的动力。对于父母的养育之恩我无以为报，唯有今后加倍孝顺，衷心希望他们健康长寿，安度一个幸福、快乐的晚年。

博士论文的出版是对自己从事经济研究的一个阶段性总结，同时也是一个新的开始。如今我已结束学生时代，开始新的生活，谨以本书纪念我的学生时代，并再次感谢所有关爱、帮助、支持我的人。

洪秋妹

2012年8月1日于常州